著者　キム・ジヘ（金知慧）
韓国・江陵原州大学校多文化学科教授（マイノリティ，人権，差別論）。移民，セクシュアル・マイノリティ，子ども・若者，ホームレスなどさまざまな差別問題に関心を持ち，当事者へのリサーチや政策提言に携わっている。ソウル特別市立児童相談治療センター，韓国憲法裁判所などの公的機関にも勤務経験を持つ。初の単著『差別はたいてい悪意のない人がする』（邦訳・大月書店）が20万部を超えるベストセラーに。他の著作に『虹はもっとたくさんの色を求めている』（共著，未邦訳）など。

訳者　尹怡景（ユン・イキョン）
韓国ソウル生まれ。慶應義塾大学大学院で人類学を学ぶ。言葉で韓国と日本の心をつなぎたい翻訳者。訳書に『差別はたいてい悪意のない人がする』『たべものの中にいるよ！』全3巻（いずれも大月書店），『夢を描く女性たち　イラスト偉人伝』（タバブックス）。

ブックデザイン　後藤葉子（森デザイン室）
カバーイラスト　早瀬とび
DTP　編集工房一生社

家族《かぞく》、この不条理《ふじょうり》な脚本《きゃくほん》　家族神話を解体する7章

2024年7月21日　第1刷発行

定価はカバーに表示してあります

著者　キム・ジヘ
訳者　尹怡景
発行者　中川進

〒113-0033　東京都文京区本郷2-27-16
発行所　株式会社　大月書店
印刷　三晃印刷
製本　中永製本
電話（代表）03-3813-4651　FAX 03-3813-4656　振替00130-7-16387
http://www.otsukishoten.co.jp/

ISBN978-4-272-35063-6　C0036　Printed in Japan

家族、この不条理な脚本

キム・ジヘ 著
尹《ユン》怡景《イキョン》 訳

家族神話を解体する7章

大月書店

プロローグ　「家族」という脚本

家族とは堅固な脚本のようなものだと思った。私たちは、生まれたときからその脚本通りに娘または息子としての役割を期待され、大人になってからは妻と夫、母と父、嫁と婿《むこ》などの配役が与えられる。

しかし、家族という脚本は、普段はあまり目立たない。たいていの場合、私たちは決まった脚本通りに行動することを平凡な人生だと思い、疑問に思わないからだ。それはあまりにも身に馴染んでいて、当然のことであり、時には自分の手に余る役割を果たすことだけで精一杯で、家族の脚本がどのように書かれているのかを振り返る余裕もない。ただ、たまに混乱を通じて、家族という脚本の実体が感知される。たとえば「性的マイノリティ」あるいは「クィア（queer）」と呼ばれる、よそ者が舞台に登場するときだ。その見慣れない人物の登場により、家族の脚本において決まっていた「当たり前」の役割に「もつれ」が生じる。そこで私たちは、家族にまつわる言語と行為のほとんどが性別に基づいていることに気づく。

ここに、法律上の性別を変えようとする人や、同性の恋人と結婚しようとする人がいるとしよう。その人の家族には、どのような場面が繰り広げられるだろうか。まず、お互いを呼ぶときに混乱が生じるだろう。私たちが普段なにげなく使っている家族・親族の呼び方や名称のほとんどは、性別を前提としている。性別が変われば「娘」が「息子」になり、「母親」が「父親」になり、「姉」が「兄」になる。たんに呼び方が変わるだけではなく、その人に求められる役割も変わる。家族の中での配役が変わってしまうということだ。当たり前のようだが、不思議なことではないだろうか。その人は同じ人なのに、性別が変わるだけで、家族の中でたくさんのことが変わってしまう。根本的に関係が混乱することもある。息子が男性と結婚したら、果たしてその人は「嫁」なのか「婿」なのか。このような混乱を受け入れることができず、同性婚に反対してこのように叫ぶ人もいる。「嫁が男だなんて!」

2022年4月、韓国の国会前で、包括的差別禁止法制定を求める活動家のミリュとイ・ジョンゴルの二人がハンガーストライキを始めてから10日ほど過ぎたときのことだった。ハンストへの支持を示すために、同僚たちと一緒に国会前を訪れた私は、レインボーカラーで飾れたテントの横に立ち並ぶ、同性婚反対の無数のプラカードを見た。「うちの子を同性愛者にしないでください」というプラカードと「男が嫁? 女が婿?」と書かれたプラカードが、塀に立てかけられて並んでいた。一人の人物は、国会前の横断歩道に立って「同性愛合法化で家庭を破壊する健康家庭基本法改正案に絶対反対」というプラカードを掲げていた。

「嫁が男だなんて！」と慨嘆するスローガンをはじめて耳にしたのは2007年、最初の包括的差別禁止法〔性的指向、ジェンダー、障害、人種、出身国、肌の色、言語、宗教、学歴などを理由にした生活のあらゆる領域での差別を禁じる法。韓国では法律案および条例案がたびたび発議されてきたが現在まで成立していない〕が発議されたころだった。それなのに、この日は、すでに見飽きたそのスローガンがふと、とても興味深く感じられた。考えてみれば不思議だ。同性婚に反対する主張のために挙げるのが、どうしてよりによって「嫁」だったのか。同性婚が認められるまでに激しい反対に直面することは韓国もほかの国と同じだろうが、だとしても、反対の理由として「嫁」と「婿」がここまで重要なものとして登場する国が、ほかにあるだろうか。

もちろん、同性婚に反対する立場には別の理由もある。同性カップルは出産ができないから結婚にふさわしくないとか、子どもは母親と父親の両方がいたほうが健全に育つといった理由を挙げる人もいる。しかし、これらの理由にもやはり違和感を覚える。性別のせいで家族の生活がそんなにも変わるのであれば、私たちにとって家族とは何なのだろう。すなわち、家族の中での関係や役割が、性別によって規定されるのはなぜで、そもそもこの役割は何のためのものなのか。

性的マイノリティの登場は、家族の脚本に混乱を招く。そして、その混乱の隙間から――いや、その混乱のおかげで、家族の脚本の姿があらわになる。私たちはなぜ、「当然のように」結婚と出産を一体として扱い、婚姻の外で生まれた人を「やむを得ず」差別するのか。私たちの人生はなぜ、「当然のように」どんな親のもとに生まれるかによって決められ、養育者が実の父親や母親ではない家族はなぜ、不幸でも「仕方ない」とされるのだろうか。性別が同じ人どうしはなぜ、結婚して家族になれないのか。なぜ「嫁」は女性でなければならないのか。国会前で見かけたプラカードが言う通り、性的マイノリティの存在が「家庭を崩壊させる」のではないかと心配する前に、その心配の方向性を変えて、守ろうとしている「家族」とは果たして何なのかを考えてみよう。そうして、「当たり前」を疑いだすことで、私たちが望む家族とは何かを理解できるのではないだろうか。

本書は、性的マイノリティをめぐる問題がつくりだす亀裂をたどって、韓国の家族制度を再考する。人々は、性的マイノリティを差別してはいけないと言いながらも、その人たちをありのままに受け入れることには抵抗を覚える。露骨に不快感を示す人も、密かに居心地悪さを感じる人もいる。しかし、このような気まずさが、既存の家族制度との衝突のためだとするなら、逆に考えると、その衝突地点にこそ家族の脚本があることを意味する。その気まずさは果たしてどこから来るのかを問いつづけることで、その最終地点で、私たちの人生を支配する脚本に出会えるのではないかと考える。

本書の第1章は、「嫁が男だなんて！」というスローガンを手がかりに、嫁が男性ではいけないとされる理由を掘り下げる。家族の脚本が「嫁」に与えた役割とは何か、どうしてよりによって女性にそのような役割を与えたのかを問う。そして、このように考える。もしかして、嫁が男性であることが問題なのではなく、嫁が女性でなければならないことのほうが、もっと問題なのではないだろうか、と。

続く第2章では、「同性カップルは出産ができないから結婚すべきではない」という観念について考える。結婚すれば出産するのが当然である一方、結婚せずに出産するべきではないという、結婚と出産における暗黙のルールをあらためて探る。それが何のために作られたルールなのか、同性婚や非婚出産（婚外子）のように、そのルールを破った場合の結果はどんなものなのか、禁忌《タブー》の向こうの世界を垣間見る。

家族の脚本は、妊娠が可能な人の出産を不可能にすることもある。第3章では、トランスジェンダーの人が公的書類の性別表記を変更しようとする際に、条件として不妊化を強制する公権力について考える。そして、特定の人の出産や出生を「望ましくない」ものとしてきた歴史の中で、国家が家族の脚本にふさわしくないと判断する人々を排除してきた残酷な過去に出会う。

第4章では、同性カップルが育てる子どもは不幸になるだろうと心配することについて考える。子どもには母親と父親がいるべきだという通念を省みて、女性と男性の役割がそれぞれ決まっているという固定観念と現実を発見する。すべての人が性別で区分された役割を遂行する社会で、ジェンダー平等の実現は可能だろうか。同性カップルの登場によって、性別役割分業が解体された家族とはどういうものかを考えてみる。

家族の脚本は、道徳的・規範的な秩序となり、韓国社会が急激に変化するなかでも綿々と続いてきた。この脚本から逸脱した人は、家族や学校の名誉を傷つけた罪に問われ、過酷な罰を受けるとともにスティグマ（烙印）を押される。第5章では、とくに性教育が家族秩序を維持する規律として働いていることについて考察する。

第6章では、家族の脚本を公式化し、それらを守る法制度について考える。法律が仮定している強固な脚本が、家族のあいだの不平等をつくりだし、実際に生活をともにする人々を守ることができないのであれば、いったいどうすればいいのだろうか。韓国社会が必死に守り抜こうとしている家族の脚本とは、誰のためのものなのかを問いかけてみたい。

最後の第7章では、家族の脚本を乗り越えた家族と制度を想像してみる。性的マイノリティも幸せな家族生活を夢見ることができる社会の実現は、私たちみんなにとって、どのような意味を持つのかを考える。大韓民国憲法第36条第1項（「婚姻と家族生活は、個人の尊厳と両性の平等を基礎として成立・維持されなければならず、国家はこれを保障する」）が保障する家族生活が、私たち全員の権利であるなら、家族の脚本という固定されたただひとつの枠に人をはめ込んで、無理やり合わせろという意味ではないはずだ。

しばしば家族とは、私たちが生まれたときに決まり、個人にとっては選べないものとされる。だからこそ、家族制度の不合理性やそこから生じる不平等は、個人の責任と運のせいにされる。しかしそれに先立って、私たちの人生の中で家族とは――あなたがその言葉で誰を思い出し、何を意味するのであろうとも――とても大切な存在ではないだろうか。だから、私たちが理解する「家族」とは何なのかについて、まず考えてみてほしい。

本書を執筆する作業は、家族を社会制度として、また構造として理解するための私個人のプロジェクトでもあった。これまでに数多くの研究者と活動家たちが、現場でのリサーチを通じて発見をくりかえし、蓄積されてきた議論を勉強しながら私も学んだ。性的マイノリティと家族という難しいテーマをさらに幅広く理解し、新たな視点から見ることができるように導いてくださった、すべての研究者と活動家の方々に深く御礼申し上げる。本書に残された不足はすべて私の責任である。

とくにキム・イェヨン先生、ナ・ヨンジョン（タリ）先生、イ・ユナ先生、チョ・ウンジュ先生には、原稿に貴重なご意見をいただいたことに感謝申し上げます。多くの示唆を与えてくれた江陵原州《カンヌンウォンジュ》大学校多文化学科「女性と社会」科目の受講生たち、的確なアドバイスと応援を送ってくださったチャンビ出版社のチェ・ジスチーム長と編集部の皆さん、私と一緒に悩み、考えをまとめることを手伝ってくれたヒョンギョン、そして執筆の過程で、峠を越えるたびに癒しを与えてくれた猫たちに感謝する。

あらかじめ読者の皆さんにはご了承いただきたい。この本は、家族の脚本をめぐってたくさんの疑問や問いを投げかけはするが、答えを与えることはできないだろう。それでも、一緒に家族の脚本にまっすぐに向きあうとき、ねじれた疑問を解決するための糸口を探せるのではないかと考えている。

家族、この不条理な脚本　目次

〔凡例〕

一、原注は本文中に注番号を示し、巻末にまとめて収録した。

一、訳注は本文中に〔　〕で挿入した。

1章　どうして嫁が男じゃいけないの？

スローガンの登場

「嫁が男だなんて！」

2007年11月、果川《クァチョン》市役所の総合庁舎の前に「断固反対。同性愛を許す法案」というプラカードが登場した。「断固反対」の対象は、提起から十数年が過ぎた現在も、いまだ法案成立に至っていない包括的差別禁止法だった。当時、法務部〔日本の法務省に相当〕が差別禁止法の法律案の作成を予告すると、これを「同性愛を許す法案」と名づけ、法務部の前で抗議デモを行う人々があらわれた。このとき、唐突に登場したスローガンが「嫁が男だなんて！」だった。

このスローガンの生命力の長さを、当時の私は想像できていなかった。

このスローガンは2010年、ある日刊紙の全面広告に載ったことで広く知られるようになった。[1]当時、韓国の放送局SBSで放送されたドラマ『美しき人生』に、「本当に男性がお嫁さんになる」ゲイカップルが登場したためだった。『美しき人生』は当時、家族を題材としたテレビドラマで高い視聴率を誇り、数々のヒット作を送り出してきた脚本家のキム・スヒョン氏が執筆した作品で、3月から11月まで63話を土日の夜10時にSBSで放送し、20％前後の高い視聴率を記録していた。

脚本家は、ドラマの中で家族の葛藤を描くために、家族にゲイがいる設定を採り入れた。ドラマの主人公家族は4世代が同居する大家族であり、いちばん年長の孫のテソプ（ソン・チャンウィ）は、男性であるギョンス（イ・サンウ）と恋人どうしである。それぞれ内科医とカメラマンで、いわゆる「家柄や職業の良いイケメン」[2]のゲイカップルがカミングアウトすることで、家族の中の葛藤が始まるが、最後には家族も彼らの幸せを祈りつつ二人を受け入れ、和気あいあいとした結末になる。

日刊紙の全面広告は、ドラマの放送開始から間もない5月に掲載された。「嫁が男だなんて！同性愛はまったく言語道断」という嘆き節から始まり、「同性愛は家庭・社会・国家を崩壊させかねない」と述べ、「SBSの視聴や広告のボイコット運動を始める」と宣言した。同時に、「〝嫁が男だなんて〟ドラマの逸脱」という見出しで掲載されたある新聞の社説では、「同性愛は究極的に家庭と社会と国家を崩壊させる悪である」と慨嘆した。[3]「韓国の伝統を守り、同性愛で苦しむことのない、堕落しない一流国家をつくろう」と主張する、実に「韓国的な反対」の論が提起されたのだ。[4]

実際に、同性愛に対する韓国の受容度は、ほかのいわゆる先進国に比べ、きわめて低い水準である。世界各国を対象に、同性愛の受容度を1（まったく認められない）から10（常に認められる）の点数で回答してもらう定期的な調査がある。[5] 直近の調査結果（2017〜2022年）で、韓国の同性愛受容度は3・2だった。2001年に3だったのが、20年以上を経てわずか0・2点増加した。それに比べ、オランダは9でほぼ完全受容に近い数字を示した。ほかにデンマーク8・8、英国7・9、フランス6・8、米国6・2だった。日本は2000年に4だったのだが6・7にまで上昇した。経済協力開発機構（OECD）32か国の平均は6で、韓国は30位を記録した。[6]

OECD全体の平均が、韓国より高いとはいえ、まだ10点満点の半分を少し超えたところであることを考えると、同性愛を奇異で心地悪いと感じる反応は韓国社会だけのことではない。だとしても、韓国の広場に登場した「嫁が〜」で始まるスローガンは、非常に独特で不気味な側面がある。同性愛反対のために掲げるスローガンに、よりによって「嫁が男だなんて！」が選ばれた理由は何だったのだろうか。先の日刊紙の全面広告や社説で提起された反対の理由はほかにもあったけれど、もっとも印象的なスローガンは断然「嫁が男だなんて！」だった。

少なくとも、ひとつだけは明らかである。おそらく、「嫁が男」になるという事実が、同性愛の「危険性」を知らせ、危機感を煽るために、簡単かつ効果的な表現だと考えられたのだ。人々に「家庭・社会・国家を崩壊させかねない」レベルの問題だと認識させるために効果的だと考えたのだろう。このスローガンは最近でも、性的マイノリティの権利擁護に反対するデモにしばしば登場する。このスローガンを最初に見た当時はただすれ違っていたが、いまになって振り返ってみると気にかかる。嫁が男だとしたら、いったい何が起こるのか。正確には、どうしてよりによって「嫁」が問題になるのか。

嫁って何なの？

辞書によれば、「嫁（며느리《ミョヌリ》）」は「息子の妻」を指す。舅《しゅうと》・姑《しゅうとめ》の立場から、息子と結婚した相手を呼ぶ名称である。この言葉は、少なくとも15世紀には登場した、かなり古い言葉だ。「며ᄂᆞᆯ《ミョナル》」という言葉は15世紀の文献から見いだすことができ、16~19世紀には「며ᄂᆞ리《ミョナリ》」という形態も登場したといわれる。[7] 起源的には「며늘《ミョヌル》」と接尾辞「―이《イ》」の結合とみる見解が多いが、核心となる「며늘《ミョヌル》」の意味は明らかになっていない。嫁という言葉の語源をめぐる議論はあるものの、現在はその意味は定かでない。[8]

漢字の「婦」についての解釈はより具体的である。手に箒《ほうき》を持って掃除する女をかたどった文字といわれている。[9] しかし、この文字は嫁だけをあらわすのではなく、妻または女という意味にも使われる。姑と嫁の関係を指す「姑婦」にも使われるが、夫と妻を指す「夫婦」や、結婚した女性や大人の女性を指す「婦女」にも使われる。要するに「婦」とは、嫁だけを意味するというよりは、女性を家族内の地位で呼ぶときの言葉のひとつだと思われる。

ある社会で親族名称が発達する方式は、まったくの偶然ではないだろう。親族を呼ぶ名称や呼称は、その社会の文化を反映している。社会言語学者たちは、親族名称を通じてその社会の家族関係を分析する。韓国語における親族名称は、妻と夫のあいだでの非対称性が際立っている。たとえば、韓国語で夫の親と妻の親を指す言葉は、それぞれ「媤父母《シブモ》」と「丈人《チャンイン》・丈母《チャンモ》」に分けられるが、同じ東アジア文化圏の日本では、夫の親と妻の親を呼ぶ呼称が一緒である。相手の親を直接呼ぶときにも、韓国語では妻が夫の親を「お父さん《アボニム》」「お母さん《オモニム》」と呼び、夫は妻の親を「丈人様《チャンインオルン》」「丈母様《チャンモニム》」と呼ぶのが通例である。これに対して日本語では、妻と夫はどちらも相手の親に同じ呼称を使う。[10]

「嫁」という言葉も、やはり非対称的な親族名称である。男性側の親は息子の配偶者を嫁（며느《ミョヌ》리《リ》）と呼び、女性側の親は娘の配偶者を婿（사위《サイ》）と呼ぶ。しかし、単純に人の性別をあらわすために「嫁」と「婿」を分けて呼んでいるとは思えない。あえて二つの用語が異なるかたち

で発達した社会文化的な文脈を考えるなら、これらの区分は単なる性別ではなく、家庭内の役割の差を含むことを推察できる。韓国学中央研究院が発刊する『韓国民族文化大百科事典』では、伝統的な意味の「嫁」について、次のように説明している。

嫁の道理の第一は、媤父母（義理の両親）に親孝行し、家庭を和やかに導かなければならない。そのためには夫への嫉妬を捨てなければならず、遠くて近い親戚たちを大切にし、謹んで敬わなければならない。第二は、家の祭祀を捧げる仕事と客の接待に心を込めておもてなしすべきである。（…）第三に、昼夜を問わず勤勉に裁縫・機織り・蚕飼い・食べ物の準備に力を入れなければならず、日常の暮らしに常にまじめで無駄遣いは慎むべきである。[11]

嫁が家の中で担当する役割だというのに、まるでどこかの会社の業務分掌のようにも見える。「嫁」とは、たんに息子の妻という家族の関係を指すのではなく、あらかじめ与えられた業務を担当する、家族の中での「役職」であることがわかる。そして、その役割は決して簡単ではない。義理の両親に対する孝行、家庭を円満に保つこと、親戚を大切にし敬うこと、家の祭祀を司り、心を込めて客をもてなし、家事に精を出し、日常生活のうえでの節約など、家の内と外の人間を満足させながら、葛藤を予防・解決し、一方で出費を節約する、高度の能力を要する役割だ。
　これほどの内容と業務範囲を担う役割なら、会社ではどれほどの地位を与えられるだろうか。管理職でありつつ接待もし、予算を執行しながら行事をも主催するレベルだから、公共機関や市民団体なら事務局長程度、企業なら専務取締役くらいではないかと思う。中小企業であれば社長か、少なくとも実務の最高管理責任者に値する役割だ。

　嫁が家族の中で担当する役割の重要性のゆえか、嫁に関する伝統的な説話には、嫁のおかげで一家全体が繁栄するとか、逆に嫁のせいで家が潰れてしまう話が多い。代表的な嫁説話として知られる「明堂《ミョンダン》を台無しにした嫁」の話がそうである〔明堂は風水で縁起がいいとされ、墓や家を建てるのに向いた土地〕。口伝による説話なので地域によって細かな違いはあるものの、大まかな展開は次の通りである。

　大富豪の家が大通りにあり、常に来客が多かった。そして、大勢の客をもてなすのはいつも嫁の役目だった。ある日、大富豪の家に托鉢《たくはつ》僧がお布施を求めて訪ねてきた。嫁はそのお坊さんに、来客をもてなすのがとても大変で耐えられないと訴えた。するとお坊さんは妙案があると言い、小川をせき止めて田んぼを作れと指示した。嫁が言われる通りにすると、明堂が損なわれ、大富豪の家は結局没落してしまった。[12]

　要するに、労働が大変だからといって来客を嫌がると、嫁自身を含む一家全体に災いが降りかかるというのだ。いくら大変でも黙々と来客をもてなす態度を嫁は身につけるべきだと説くための話、あるいは、そのような嫁を迎えることで家庭に福が呼び込まれるという教訓話である。嫁のせいで家が潰れてしまう話の数と同じくらい、賢くまじめな嫁のおかげで家が栄える説話も多い。

このように、一家の繁栄と衰退が嫁にかかっているだけに、嫁選びのうえで家事経営の能力は重要な要素だったとみられる。パク・ヒョンスクは、「婿選び」説話と「嫁選び」説話を比較し、良い婿と嫁に対する認識がどのように違うのかを分析した[13]。子の配偶者が良い人であってほしいという願いは同じだろうが、どういった資質や性格が良いとされるかにおいて、男女で異なる価値基準が説話にあらわれていると同氏は述べた。

紹介される二つの説話は、いずれも父親を審判役として、子どもの配偶者を探し、その資質を見極める公開募集の類いで始まっているが、選抜基準が違う。「婿選び」説話の挑戦課題は「嘘3回を成功させること」だ。審判役の父親は、挑戦者が言った嘘に対して「（それは）嘘ではない」と答え、挑戦者たちを続々脱落させる。そこで、ある挑戦者が「先代が貸したお金を返してもらいたくて来た」と言うと、父親は仕方なく嘘だと認め、彼を婿にする。

一方、「嫁選び」説話の挑戦課題は、婿選びより重くて現実的である。「米3斗で3人が3か月暮らす」ことを成功させる課題だ。説話では、ある挑戦者が3斗の米でご飯と餅をたくさん作って食べた後、下僕には木こり仕事を、下女には自分と一緒に機織りや山菜をとって市場で売るなどの仕事をさせ、3か月で財産を増やして嫁に選ばれる。課題を遂行する期間は説話によって少し異なるが、長くは一年におよぶ場合もあるという。[14]

バラエティ番組に例えれば、「嫁選び」は単発の瞬発力テストに、「婿選び」は長期戦のサバイバル・リアリティ番組に近い。説話の中で描かれる「良い婿」は機転が利く人であるのに比べ、「良い嫁」は厳しい環境でも生き残ることができる生活能力の持ち主で、賢くてリーダーシップを持ちながら経営手腕もある、何ごとにおいても優れた人である。

だから、「嫁」を単純に「息子の妻」と定義するのは、その意味の半分もあらわしてはいないのだろう。伝統的な意味における「嫁」は、たんに息子の妻としての位置づけにとどまらず、家全体の中で特別な任務を与えられた役職を意味する言葉である。家の中での嫁の序列はさておき、期待される役割だけを見ると、嫁を迎えることは、社外から専門の経営者を迎えるのと同じレベルの大事に違いない。

嫁が女性である理由

家族を構成する原理は、洋の東西を問わず長いあいだ、男性を主軸とする家父長制だった。

家父長制を辞書で調べると、「家長が家族に対する支配権を行使する家族形態および支配形態」[15]と定義される。ここで使われる「支配」という言葉は、現代の感覚からすると多少強く聞こえるだろう。しかし、そもそも家族が、家長による絶対的な統治構造からつくられたという事実を考えれば納得がいく。

家族を意味する英語のファミリー（family）の語源であるラテン語のファミリア（familia）は「家長に属する所有物」を意味した。[16]中世のファミリアには、妻、子、奴隷が含まれていた。家長（paterfamilias）は、みずから所有物になることはできないのでファミリアに属さなかった。要するに「家族」とは、いまでいう共同体の単位を指す言葉ではなかった。当時、人口のほとんどを占めていた貧しい人や奴隷は、一緒に暮らしている人たちを家族とは呼ばなかった。起源をたどると、家族はエリート階層が支配する所有物を指す意味だった。

儒教を基盤とする韓国の家父長制もやはり、男性中心の支配構造という点から古代ローマの家父長制と同じである。朝鮮王朝後期に入って定着した儒教的な観念は社会全般に広がり、女性と子どもは独立した人格としての権利を持てず、家長に所属して絶対的な服従を求められた。[17]しかし、韓国の家父長制が、西欧の家父長制と完全に同じものだとは言えない。儒教を基盤とする家父長制のもとで定められた上下関係は、西欧のそれよりさらに広く、長く、緻密なものである。現在存命中の大家族を含みつつ、ずいぶん前に亡くなった先代（祖先）から、まだ存在もしない後代（子孫）にまでつながる関係であるからだ。

儒教的家族とは、世俗的な家族制度を超えた宗教的観念に基づいている。祖先崇拝をもとに一家の永続を追求するのである。[18] このような思想から始まった韓国の儒教・家父長制は、男系血統に沿って家族の構成員を、男性との関係、性別、出生順位などで緻密に分類した。このような家族関係を説明するには、相互的な意味を示す「関係」という言葉よりは、位階に基づく服従を義務として規定した「秩序」という言葉のほうが適している。そのため構成員は、自分の上あるいは下にいるのは誰なのかをあらかじめ察する必要があり、複雑な家族名称や呼称、敬語とタメ口〔パンマル〕の使い分けを学ばなければならない。人間としての道理と礼儀を守るためである。

一族の観点から見ると、「嫁」の意味がいっそう明らかになる。前に引用した「嫁の道理」がまるで業務分掌のように記述されていることを考えれば、女性にとって結婚とは「嫁という職責」を引き受けることに近く、個人の幸せや愛情とはあまり関係がないことがわかる。息子の妻だから嫁になったわけではなく、「嫁が息子の妻を兼ねる」と言ったほうがより正確かもしれない。嫁の存在は、媤父（義父）という代表者が率いる一族のために重要であり、そのため嫁の選択にかかわる舅姑の姿勢は、少なくとも夫と同じくらいか、それ以上にならざるを得ない。

実際、韓国で結婚とは、相当長いあいだ、当事者ではなく親が決めることだった。朝鮮王朝時代には「定婚」という慣習があり、両親や祖父母など、婚礼を主宰する「主婚者」の合意によって婚約・婚姻が行われた[19]。定婚を決められた人は、定婚者以外の人と結婚できず、もし定婚者でないほかの人と結婚すれば、公権力によって主婚者が処罰されることもあった。ほとんどの定婚は、当事者たちが幼いころに行われ、子どもは両親に逆らって別の人と結婚することもできないため、当事者の意思は事実上、無意味なものだった。

結婚をめぐる親の影響力は、朝鮮時代以降も変わらず続いた。日本帝国主義の時代、朝鮮総督府は朝鮮の慣習やしきたりに従うとして、結婚には両親の同意を求めた。それが日帝による統治からの解放後に制定された韓国の民法につながったのである[20]。ただし、過去においては年齢と関係なく両親の同意が必要だったのに対し、1958年に制定された民法第808条第1項は、「男性27歳、女性23歳未満の者が婚姻する際には両親の同意を得なければならず、両親の一方が同意権を行使できない場合には、他の一方の同意を得なければならない」と年齢制限を設けた。この規定はのちに、未成年者の場合には親の同意を得るようにと改正され、1979年1月から施行された[21]。

中世ヨーロッパでも、親の権威を重視して、結婚に親の同意を求める問題をめぐる議論が行われた。しかし当時、支配的宗教の地位にあったカトリックは、儒教とはまったく違う立場だった。16世紀半ばのトリエント公会議での激しい論争を経て、カトリック教会は、自由な個人の同意を重視する教理を堅持し、親の同意を要件としないとする結論に至った。[22]ウィリアム・シェイクスピアの戯曲『ロミオとジュリエット』は、トリエント公会議が開かれる前のイタリアを背景に、子どもの結婚を統制しようとする当時の親たちの激しい欲望と緊張を描いている。[23]

一方、宗教改革によって登場したプロテスタントは、少なくとも未成年者の結婚には両親の同意が必要だという立場を表明し、人文主義者とカトリック改革派のあいだでも、結婚に対する両親の権限を強化しなければならないという主張の説得力が増した。[24]さらに、国家は結婚を教会の権力から切り離し、直接的に管理しはじめた。１５５６年、フランス国王は国王勅令を発布し、成人年齢を女性25歳、男性30歳に引き上げ、未成年者の結婚には両親の同意を求めたという。[25]子どもの結婚に対して影響力を行使しようとする親の欲望が、宗教の教理を乗り越えたのである。これは、最初から個人より家門を重んじる韓国の儒教的教理の中では見られない衝突だった。

男性を中心とした家父長制が歴史的に構築され、家父長制の中での女性は独立的な権利を行使できない所有物とみなされたという点から考えると、韓国の経験も中世ヨーロッパとさほど変わらない。中世ヨーロッパでも韓国でも、家父長制の中の女性は隷属させられ、従順を強いられた。しかし、韓国の儒教・家父長制のもとで結婚した女性は、夫の支配を受ける妻の地位だけでなく、舅姑の支配を受ける嫁としての地位をも与えられる。もちろん、時代と地域によってさまざまなかたちで変わってきた家族関係を単純化して比較することはできないが、韓国の家族制度での「嫁」という地位の特異性を看過してはならないと考える。

前述したように「嫁」は重要な役割を担っていた。にもかかわらず、嫁の地位が低いというところに矛盾が生じる。嫁の地位は夫によって決まるが、夫と同等の地位ではない。たとえば嫁は、夫の弟に接するとき、自分の弟と同じように接することはできない。仮に夫の弟が自分より年下でも、敬語を使わなければならない。今日、「坊ちゃん（トリョンニム＝夫の未婚の弟）」・書房様（ソバンニム＝夫の既婚の弟）」「お嬢さん（アガッシ＝夫の未婚の妹）」などの呼称や敬語が論争の種になる理由もここにある。一方で夫は、妻の弟に同じ水準の敬語を使うようには求められないという点で、非対称的な位階が明確にあらわれるといえる。トリョンニム（義弟）が結婚すれば、女性である嫁どうしのあいだに序列が生じる一方、アガッシ（義妹）の配偶者である男性は、一家の婿として、位階体系が嫁のそれとは異なる。

性別によって決まるすべての家族秩序は、「自然さ」とはほど遠い。精巧に作り出された枠組みに人をはめ込んだものであって、人の自然な本性に沿って作られた秩序とはいえない。それでは、いったいなぜ家族制度は男性を中心に発達したのだろうか。世界共通にみられるこの現象について、歴史学者ユヴァル・ノア・ハラリは著書『サピエンス全史』で、「いまのところ明確な答えはない」と述べている。[26]男性のほうが強いからだとか、攻撃的だからというのは、実際に社会的能力は身体的条件に左右されないということを考えると、実証研究というよりは神話に近い。[27]

同じく、なぜ女性が服従する地位に置かれなければならなかったのかについても、納得できる適切な説明はない。儒教において男尊女卑は事実ではなく、ひとつの教理にすぎなかった。「男は天、女は地」という言葉で、男は高く女は低いのが「自然の理《ことわり》」とされた。[28]そこから、女は男に従わなければならないとし、「結婚する前には父に、結婚してからは夫に、夫が死んだら子に従わなければならない」とする「三従の道」という儒教道徳が生まれたのである。[29]すべての人が平等な権利を持つことが原則になっているいまの時代に、人々の暮らしを支配する原理としては、もはや有効ではない規範である。

そうだとすると、「嫁」がかならず女性でなければならない理由もわからなくなる。現代社会で求められる平等は、性別を理由に決められる地位を拒否する。家族内の地位であってもそうだ。家族を、一般的な社会制度とは異なる「自然」の領域だと言うには、伝統とされてきた家族制度はあまりにも作為的だ。長らく慣れ親しんできたから「自然だ」とは言えるだろうが、それが「自然の理」だとか「道理」だと主張するには根拠が乏しい。「嫁が男だなんて！」と嘆くよりも、「どうして嫁が女性でなければならないのか」を訊くべきではないだろうか？

平等のための解体

18世紀末、女性の人生を家族に従属させる社会を批判して登場したフェミニズムの初期に書かれた著書には、強烈な表現が出てくる。メアリ・ウルストンクラフト〔英国の社会思想家〕は、1792年刊の『女性の権利の擁護（A Vindication of the Rights of Woman）』で、美徳という名目で行われてきた従属のメカニズムを批判する。女性の穏やかさと優しさを称える社会風土が「女性の知性を踏みにじり、女性の感覚を敏感にさせることで女性を奴隷化[30]」すると批判する。また、人間を従属させる力は物理的な力だけでなく、従順を女性の価値として美化する社会的規範の中にも潜んでいるとも指摘する。

ジョン・スチュアート・ミルは、1869年に刊行された『女性の解放（The Subjection of Women）』で「結婚こそ、イギリスの法律におけるただ一つの現実的奴隷制度である」とストレートに述べている。ところが、女性に強いられた「きずな」は他のそれとは異なると述べる。女性が単なる奴隷ではなく、みずから「いそいそとした奴隷」であることを望み、心までとらえて奴隷にする方式で作動していると語っている。穏やかに隷属することを美徳と思わせることで、女性をみずから他人の人生に従属させるということだ。

家族内の女性を奴隷に例えるミルの指摘は、当時の宗教的・道徳的観点からは受け入れがたいものだったのだろう。西欧のキリスト教の伝統の観点から「妻たちよ、主に従うように、自分の夫に従いなさい」（エペソ書5：22）という聖書の一節は、家族秩序の根本のように思われたはずだ。家族制度に対する挑戦は、宗教的・道徳的義務に対する抵抗であるため、さらに大変なことだった。そのためミルは、変化の根拠をキリスト教の精神に基づいて説明している。強者が弱者を支配する「力の法則」ではなく、みなが同じ権利を持つようにする「正義の法則」がキリスト教の法則でもあるとし、既存の道徳律に対抗して、平等な家族関係をつくることを訴えた。

韓国の儒教・家父長制も、宗教と道徳の観念を用いて女性の従属を正当化した。社会学者のチャン・ギョンソプは、儒教的家族文化が近代になっても続き、普遍化し「女性が婚姻制度を通じて、家父長的イデオロギーを共有する家族のあいだで奴隷に値する存在として『交換』される側面」があったと述べる。[31]「奴隷に値する存在」という言い方が多少きつく聞こえるかもしれないが、そう言われるほど、女性は儒教・家父長制の中で、結婚を通じて永遠に続く労働を強いられた。女性は、妻であり嫁として「道理」と「礼」を理由に上下関係に従い、服従の義務を受け入れ、みずからも息子を産んで姑になる過程を当たり前に受け入れることで、儒教的家族文化を持続させる一部になった。

ただし、女性が従属的な地位にあったとしても、その役割まで受動的だったというわけではない。伝統的に、妻や嫁には高い水準の問題解決能力や判断力が求められ、困難の中でも家族を率い、かれらを慰め、世話をしながら、生存を可能にする管理能力と経営手腕が必要だったからだ。つまり、主導性が求められながらも従属的な状態に置かれているという、矛盾した位置なのである。このような矛盾は男性の役割にもあらわれる。男性に期待される役割とは、しばしば社会的地位を得る出世であるが、出世できなかった場合には、家族内の権威は形だけが残ってしまう。つまり、家庭内で権力を持つが、生活の上では無力な、受動的な状態を経験するのである。

儒教・家父長制は、このように重なりあって衝突する矛盾を背負い、時代によって変わりながらも、しぶとく維持されてきた。父系血統中心の家族制度は、日本による植民地時代に日本の家制度と結合され、戸主制として法制化された。２００５年になって、韓国の憲法裁判所が違憲の決定を下し、戸主制は廃止された。[32] 戸主制は、戸主を息子—娘（未婚）—妻—母親—嫁の順に継がせるなど、男性を中心に家族構成員を従属的に並べた家族制度で、憲法が要求する平等な家族関係には合致しなかった。そもそも、韓国に戸主制を導入させた日本は１９４７年に家制度を廃止したので、韓国の戸主制は廃止されるまで長いあいだ、世界で唯一の家族制度として記録されていた。[33]

今日の韓国社会における家族は、どのくらい変わったのだろうか？　もちろん、昔と比べると制度的にも文化的にも多くの変化があった。しかし、結婚は依然として家と家の結合とみなされ、結婚を通じて親孝行するという観念も残っているようだ。いまでも、名節《ミョンジョル》〔韓国の伝統的な祭日。旧正月《ソルラル》と秋夕《チュソク》が代表的〕は家族間に葛藤を引き起こす要因になる。ス・シンジのウェブコミック『ミョヌラギ』（2017年）や、ソン・ホビン監督のドキュメンタリー『B級嫁』（2018年）のような作品が、嫁に対する期待を批判し、そのような期待に抵抗する内容で好評を得た。伝統的な家族秩序をめぐる緊張が高まり、あちこちで激しく衝突している。

嫁に対する期待は、国際結婚による移住〔外国人〕女性に対して、より露骨に表現されているようだ。国際結婚による移住女性の家族に関する研究によれば、嫁に迎えた移住女性に対して、姑が不満をあらわにすることもある。ところが、その不満の内容は主に、嫁が「文句を言わずに黙々と勤勉に仕事をして節約し、しっかり夫と子どもの世話をしなければならない」という期待に応えていないということだ。[34] 嫁の美徳とは、従順、目上を敬う、節約、勤勉さだと考える観点から、叱責とお説教が始まる。そこから抜け出すために韓国社会が努力してきた儒教・家父長制の秩序を、いまや「韓国流の礼儀」という大義名分のもと、移住女性を通じて再生産しようとしているように見える。

最近、韓国社会では、夫の家族と妻の家族の呼称におけるジェンダー的な非対称性に対する批判と反省が進んでいる。2017年、韓国の国立国語院が発表した調査結果によると、配偶者の弟・妹を呼ぶ際の「トリョンニム／アガッシ」と「妻男（チョナム＝妻の弟）／妻弟（チョゼ＝妻の妹）」という呼称を改善しなければならないという回答が全体の65・8％を占めた。男性の回答者（56・5％）が女性の回答者（75・3％）に比べて改善の必要性に共感する割合が低かったものの、男女ともに全体の半分を超えた。回答者たちの多くは、配偶者の弟・妹を呼ぶ際の代わりの言い方として、それぞれ名前を呼ぶことに賛成した。[35]

このような流れの中で、国立国語院は2019年に、新しい言葉のマナーガイドとして『私たち、なんて呼んだらいいですか？』を新しく発刊した。2011年発刊の『標準言葉マナー』では、伝統的な親族名称・呼称を「標準」として提示したのに対して、これからは規範的枠組みから抜け出し、相手を尊重する別の表現を選択できるという趣旨から、例文を挙げて代替案を示している。[36] 親族名称が少しずつ変わっていることを実感する。だからといって、素早く順調に変わっていくと期待するのはまだ難しい。『ミョヌラギ』にも出てくるように、「〔夫の弟と妹に向かって〕クヨンさん、ミヨンさんって何？　トリョンニム、アガッシと呼ばなきゃダメでしょう！」と〔嫁を〕怒鳴りつける人が家族の中にいたりするし、このようなヒエラルキーを規範として守ってきた社会の雰囲気はいまだに残っている。

一方で、「嫁が男だなんて！　同性愛は言語道断」という慨嘆のスローガンも、いまだに聞こえている。歴史的に、性差別的で抑圧的な家族制度をあらわす言葉である「嫁」が、同性愛反対の理由として登場したという事実は、いみじくも韓国社会の硬直性を正確に示している。一見、何のつながりもないような二つの言葉が、家族制度の硬直性というひとつの問題につながる。このスローガンとセットで、「女の婿だって？」と呆れたように反問するスローガンもある。男の「嫁」や女の「婿」がいたら、いったい何が起こるのだろうか？

すでにオランダ、南アフリカ共和国、ブラジル、米国、オーストラリア、台湾など世界34か国（2023年5月現在）で同性婚が認められているため、もはや「もしもタイムマシンがあったら」といった類の空想の質問ではない。[37] 問題は、同性婚で生じた「嫁」や「婿」の関係についての海外の先行研究が見つからないという事実だ。結婚を当事者どうしの結合と見る国では、「嫁」や「婿」の位置が異なることがなく、嫁と舅・姑のあいだに期待される特別な役割もない。養育者が、わが子の（同性との）結婚を受け入れられずに生じる葛藤や交流の断絶などはありうるが、「男性に嫁の役割を求めても良いのか」「女性を婿としてもてなしても良いのか」について悩むことはないようだ。

むしろ、「嫁が男だなんて！」というスローガンは、この社会が平等を追求するのであれば、解体すべきだった家族秩序が根深く残っているという事実を間接的に気づかせる。このスローガンを見て、性的マイノリティの人に対する忌避感を強めたのであれば、まず「嫁」は女、「婿」は男でなければならないという観念を疑って、こう問うてみるといい。嫁の役割を男がしてはなぜいけないのか？　婿が女だったらどこが問題なのか？　それは、嫁や婿にどんな役割を期待しているからだろうか？　望ましくない嫁や婿を拒絶しようとする権力はどこから来るのか？　私たちが知っている家族とは、これからも守り維持すべき不変の価値なのか？

2章 結婚と出産の絶対公式

同性婚と少子化の相関関係

少子化で国全体が悩んでいる。韓国統計庁が発表した２０２２年の合計特殊出生率は０・78だった[1]。ここ数年の韓国の合計特殊出生率は、ＯＥＣＤ加盟国の中でももっとも低い水準になっていたが、1を下回る数値はひときわ目立つ[2]。合計特殊出生率1・3未満は「超少子化」と位置づけられるが、このような基準自体がもはや無意味になっていると感じる。人口減少のために国家の消滅の危機だと、メディアや社会は大騒ぎだ。超少子化に突入したのが２００２年なのに、20年以上が経過しても、対策はあまり効果がなかったことが明らかだ。もはや仕方のない運命として受けとめなければならないのかと思うほどだ。

「こんな状況で同性婚だなんて！」

人々は、少子化で国家が消滅の危機だというのに、同性婚の話なんてありえないという反応だ。同性婚を認めれば人口はさらに減少するのに、そんな話を持ち出すときではない、ということだ。2018年のソウル市長選候補者の公開討論会でも、似たような話題が出た。ある候補が同性のパートナーシップ関係を認める制度を導入すると言うと、他の候補が、それは同性愛を「認証」する制度ではないかと反論した。加えて、「同性愛が『認証』される場合に……出産の問題はどうなるのか、本当に気になりますね[3]」とも言った。

ところで、同性婚と出生率のあいだにはどのような関係があるのだろうか？　一見すると、生物学的に妊娠・出産が不可能な同性カップルが結婚すれば、出生率の低下はさらに加速が進むと思いそうだ。しかしよく考えてみると、どこかおかしいことに気づく。同性どうしでの出産が不可能なことは、同性間の結婚が認められたからといって、新しく生じる問題ではない。同性カップルの婚姻を法律的に認める結婚制度がないだけで、同性カップルはいまも存在している。かれらを無理やり切り離して、異性と結婚させて出産を強制しない限り、同性婚の法制化によって出生率がさらに減少すると考える理由は説明できない。

しかも、厳密に言うと、現代医学の発展によって同性カップルでも出産はできる。現在でもすでに、不妊治療を受ける夫婦は、夫婦以外の第三者から精子や卵子の提供を受けて妊娠し子どもを産んでいる。政府は少子化対策の一環として、不妊治療にかかる医療費を助成している。

妊娠・出産が難しい異性カップルと同様に、同性カップルや非婚を選んだ独身者も子どもを産むことができる。ただ、国家が法律の上で「結婚」した夫婦のみを支援しているだけである。[4]だとすると、同性カップルも法律上の結婚ができるようになり、国家の支援を受けることになれば、全体の出生率はむしろ高くなる可能性もあるということだ。

　それでも、快く同性婚に賛成するにはモヤモヤが残るかもしれない。尊いものとされてきた家庭が、同性婚のせいで破壊され、出生率も低くなると主張する人もいる。しかし、それもじっくり考えると何かおかしい。同性カップルが結婚するからといって、普通に結婚していた異性カップルが結婚できなくなるわけでもないのに、何が「破壊」されるというのだろうか？同性カップルが結婚するからといって、異性カップルがいきなり出産できなくなることもないのに。それでも何か理由があって、人々は出生率と結びつけてまで同性婚に反対するのではないだろうか。果たして、その理由とは何だろう？

　考えてみれば、結婚とは実に奇妙なことだ。盛大な結婚式のために大きな費用を支払い、それを惜しまないほどに大きな意味を持つ、人生最大の事件である。一方、盛大な結婚式に比べれば、実際の法的な申告手続きはシンプルで味気ない。二人が夫婦関係であると申告する簡単な書類作業だけで終わってしまう。しかし、華やかな結婚式にも、簡単な婚姻届の書類にも、妊娠や生殖能力について問う手続きや項目はない。ただ、神聖な結婚式を見守りながら、人々は暗黙のうちに期待する。男女が結婚して、子どもを産んで家庭を築くだろうと。

人々は長いあいだ、結婚とは当然、出産を含む概念だと考えてきた。昔だけの話ではない。いまも人々は、誰かが結婚すれば、当然子どもを産むだろうと思い「子どもはいつ産むの？」と問いかける。子どもがいない夫婦に「じゃ、どうして結婚したの？」と質問する人もいる。だから、同性カップルの結婚なんて話にもならないのだ。出産が不可能である同性どうしの結婚は、そのような立場からすれば、結婚ではないのである。結婚は出産の基盤だという理念を持ちつづけるためには、同性婚は認められなくなる。

結婚が出産の基盤だということは、結婚という枠組みの外では出産してはいけないという意味でもある。よく人々は、子どもがほしいと思いながらも「結婚してからじゃないと出産は無理だな」と言うのではないだろうか。結婚せずに子どもを産むことは間違いであり、もし子どもが「先に」できたなら、急いで結婚しなければならないと考える。そのため、非婚のまま出産することも、同性婚と同じように問題になる。このような「逸脱」に対して、恐ろしい警告をする人々がいる。その人々は、出産の基盤である結婚（制度）が解体されれば「社会の危機」が起こると、終末の予言のような話をする。

同性婚と少子化のあいだには、どう見てもとくに関係がないようだが、同性婚に反対する人々が守ろうとするものが何なのかはだけは明らかである。それは、「結婚とはかならず出産の基盤でなければならない」ということだ。つまり、結婚と出産は必要十分条件でなければならないという厳たる公式である。結婚すれば出産すべきであり、結婚しなければ出産してはならないということだ。けれども、こう考えたことはあるだろうか。どうして結婚と出産が必要十分条件でなければならないのか？　この公式が成り立たなくなったら、本当に「社会の危機」が生じるのだろうか？

「適法」な出生と「不法」な出生

実際、韓国の人々は、よほどのことがない限り婚外子を産まない。OECD報告書によると、2020年時点で韓国の出生全体に占める婚外子は2・5％だった。この数値は2002年の1・4％からわずかに上昇している。それに比べて、チリやメキシコなどは婚外子の占める割合が70％を超えていて、アイスランドとフランスは60％台、ノルウェー、スウェーデン、オランダなどは50％台だ。OECD加盟国の平均は41・9％で、韓国と同水準で低いのは日本（2・4％）しかない。合計特殊出生率と同様に、出生率で婚外子が占める割合も、韓国はOECD加盟国のあいだで著しく低い。[5]

ある意味、かなり矛盾した現実ともいえる。冒頭で述べたように、韓国は2002年以来、超少子化状態におちいっている。少子化と人口減少をめぐる議論が20年以上続いているのにもかかわらず、人々はすべての出生を無条件で歓迎してはいないようだ。本当に人口減少を心配するなら、養育者が結婚していようがしていなかろうが、人が生まれること自体が重要だと思うはずなのに、そうではなさそうだ。韓国社会では、「婚外」で生まれた子はいまだに、あってはならない禁忌のシナリオであるかのように見える。

ところが皮肉なことに、韓国でいちばん有名な名前は、結婚の外で生まれた人、つまり「婚外子」の名前である。公的書類の記入例などによく登場する名前、「洪吉童《ホンギルドン》」だ。朝鮮時代の小説『洪吉童伝』〔名門家の息子でありながら庶子であるために差別され育った主人公が超能力や道術を駆使して義賊になる物語。韓国の中学教科書にも載っていて多くの人に知られている〕を思い出してみよう。主人公の洪吉童は世宗の時代、吏曹判書〔朝鮮の官職名。任官や人事を担当する吏曹の最高位〕の父親を持つ名門家の息子だ。しかし彼の母親のチュンソムは侍卑、すなわち両班《ヤンバン》〔朝鮮時代の支配階級〕のそばに仕える女性だったため、洪吉童は庶子だった。物語の起点となる葛藤はここから始まる。

誰もが一度は聞いたことのある、あの名句を読んでみよう。その後に二つのクイズも続くので答えてみてほしい。

小生が大監《デガン》〔高位官職者に対する敬称〕の精気を授かり堂々とした男として生まれたのだから、

> これほど喜ばしいこともないでしょう。ただ、一生忘れ得ぬ悔しさは、父親を父親と、兄を兄と呼べぬことであり、召使いたちは皆、小生を卑しいと思い、親戚や旧友さえも小生に後ろ指をさし、誰がしの賤出と呼びます。こんな無念なことがまたどこにありましょう。[6]

それでは第一問。洪吉童が父親を父親と呼べなかったのであれば、いったい何と呼んだのだろうか？　引用した部分にヒントがある。そう。「大監」と呼ばなければならなかった。

父親を「大監」と呼んだのだから、自分のことを息子というよりは、殿様に仕える召使いのように感じたはずだ。兄を兄と呼べないのはどうだろうか。当時、庶子は正室の産んだ子である嫡子を目上として敬い、仕えなければならなかった。席に座るときも嫡子より後ろに退かなければならなかったという。庶子のほうが年上であってもそうだ。[7]同じ父親から生まれても、このように家の中でさえも日常的に差別を受けたのだから、洪吉童のような庶子がどれほど悔しい思いをしたかは察するに余りある。

続いて第二問。どうして洪吉童は「庶子」になったのだろうか？　理由は簡単だ。母親のチュンソムが父親と結婚していなかったからだ。では、なぜチュンソムは結婚しなかったのだろうか？　ナンセンスな言葉遊びに聞こえるだろうが、すでに父親に別の妻（正室）がいたからだ。

実際、この単純な答えが、当時の制度を理解する重要な手がかりになる。朝鮮時代に男性が結婚できる女性はただ一人だということ、つまり一夫一婦制が導入されていたという事実である。そして、ほかの未婚女性を妾《めかけ》にして、ひとつの家族として生活する蓄妾制が存在した。事実上の一夫多妻制とも言えるが、形式的には一夫一婦制だったことから、婚外子としての「庶子」が誕生したのだ。

朝鮮時代より前は一夫多妻制を容認していて、妾を置くことも多かったという。その後、朝鮮時代に入り、太宗13年（西暦1413年）に法律上で重婚が禁止された。[8] ところが、蓄妾制は維持された。一人の男性が複数の女性とのあいだに子どもをつくり生活する方式は前と変わっていないのに、男性は一人の女性だけを「妻」とし、残りの女性は「妾」として区分しなければならなかった。子の地位も妻の地位によって区分が生じた。そこから「嫡子」と「庶子」の区分ができた。厳密にいうと、身分が良人《ヤンイン》（朝鮮時代の身分制度で賤人以外の身分。科挙の受験資格があった。一方、賤人は一般的に自由民ではない奴婢を指すが、時代によって動物を屠殺する白丁《ペクチョン》、大道芸人、民間のシャーマンである巫堂《ムダン》など、社会的に卑しい存在として扱われた人々を含む場合もある）の妾が産んだ子を庶子、賤人の妾が産んだ子を孽子《オルザ》といい、これらを合わせて「庶子」または「庶孽」と呼んだ。[9]

正妻は一人でも妾は複数置くことができたので、庶子の数は少なくなかっただろう。クォン・ネヒョンは、朝鮮後期に、慶尚道《キョンサンド》のある地域の安東権《アンドンクォン》氏同姓村落（同じ姓を持つ人たちが集まって住む集落〕の族譜《チョッポ》〔家系図。その系統・血統関係自体をも指す〕と戸籍を用いて子孫の身分を確認した。研究の結果、18〜29世孫〔族譜で父の跡を継いだ者を世孫といい、始祖を基準に順番をつけた。つまり18〜29番目の後継者〕までの安東権氏の子孫で、結婚した男性構成員計450人のうち28％が庶子であった。孼子の場合、族譜や戸籍には載っていないため把握しにくく、庶子も記入漏れの可能性があり、実際の数はさらに多かったと見られる。[10]庶孼の子孫はその身分が代々継がれるので、時間が経つにつれだんだん多くなっていった。そのため18〜19世紀には、孼子が嫡子の数を超えたと推定する説もある。[11]

　これほど多くの人々が、生まれた時点から苦悩を強いられた。差別は家の中だけで終わらず、かれらが官職を得ることを禁ずる庶孼禁錮法という法まであった。そんなわけで、庶孼たちがかかえる社会への不満が高まり、洪吉童が夢見た理想の国、栗島国《ユルト》を望んだのは当然のことだっただろう。実際、当時の庶孼たちは、差別に抵抗するために抗議活動を行った。現在の国民請願〔政府に対する要望や苦情を国民がネット上の掲示板に書き込み、一定数以上の署名が集まると政府が回答する制度。文在寅政権で導入されたが2022年に廃止された〕のように、1823年（純祖23年）には庶孼の儒生9996人が一丸となり、王に万人疏〔一万人前後の儒生の署名を集めて朝廷に意見を出すこと〕を上げたこともあった。[12]それより前の17世紀には、北漢江沿いに住んでいた庶孼7人が「川辺七友」という集いを結成し、驪州《ヨジュ》で一緒に暮らしながら盗みを働き、「われわれは泥棒ではなく、将来大業を成し遂げるつもりだ」と宣言した[13]。まさに『洪吉童伝』の現実版である。

婚外子の苦悩は近現代になっても続いた。日本による植民地時代には「私生児」という言葉が登場する。当時、朝鮮の戸籍令は「合法的に」結婚した夫婦の子だけを正式な子として認め「嫡出子」と呼んだ。結婚とは合法的に登録するのが当たり前ではないかと疑問を抱くかもしれない。しかし、もともとそうだったとは言えない。従来は、夫婦として生活しているという事実だけで十分だったが（事実婚主義）、日本による植民地時代から、法律が定める手続きを通じてのみ結婚が認められるようになった（法律婚主義）。法律婚主義が導入されたことで、婚姻届が出されない状態で生まれた子どもは私的に生まれた子、つまり「私生児」となった[14]。

植民地からの解放以降はどうだったのだろうか？　1958年、大韓民国の民法が制定された。このとき「庶子」や「私生児」という言葉は消え、代わりに「婚姻中に生まれた子」と「婚姻以外の関係で生まれた子」を区分する概念ができた。もちろん差別も存在した。日本による植民地時代に始まった戸主制が維持されているあいだ、「婚姻中に生まれた子」は「婚姻以外の関係で生まれた子」よりも、戸主の地位を承継する相続において優先された[15]。2005年に戸主制が廃止されるとともに、この条項も消えた。現行の民法は「婚姻中に生まれた子」を「婚姻以外の関係で生まれた子」に対してとくに優遇していない。それでも両者のあいだには決定的な違いがある。「婚姻以外の関係で生まれた子」は、父親が法的に自分の子だと認める

（認知する）ことで、はじめて子としての地位を得ることになる。
現在でも婚外子は、生まれたとき「父親が誰かわからない子ども」として推定される。母親の場合、出産した事実だけで母子関係が成立し、養育の権利と義務が生じる。一方、父親は「認知」という親子関係を法律上確定するための手続きが必要だ。婚外子を自分の子だと法的に認める「認知」をすれば、父親としての権利と義務が生じる。もし実父が本人の意思で認知をしなければ、子どもが実父を相手に、認知を求める訴えを起こさなければならない。認知しない限り、実父であっても子どもに対する権利も義務も生じない。[16]
結婚していないカップルのあいだに生まれた人を、そうでない人と同じように扱わなかった歴史は西欧でも変わらなかった。英米法の法律用語では、婚外子のことを「illegitimate」または「bastard」と称した。[17]不法（illegitimate）という言葉は合法（legitimate）の反対語で、まさに適法な出生ではないことをストレートに表現した言葉である。「bastard」という言葉も婚外子を指す法的用語だったが、今日では悪口（罵倒語）として使われている。韓国でも「父のないフレ子《ザシッ》」という言葉を、人を侮辱する際に悪口として使う。[18]結婚という制度によって人が適法と不法に分けられたのに、いつの間にか、生まれた人を「不法な存在」だと人々は信じはじめたようだ。

結婚は何のための枠なのか

米国イリノイ州に、ピーター・スタンレーとジョアン・スタンレーというカップルが住んでいた。二人は法律上結婚せず、事実上の結婚生活を送っていて、二人のあいだには3人の子どもがいた。ところがある日、ジョアンが亡くなった。突然ピーターと3人の子だけが残された。ピーターは3人の子どもを育てつづけるつもりだったが、できなかった。イリノイ州政府に子どもの親権を奪われたためだ。これまで子どもを育てていた実父が確実に生きているのに、どうして州政府が子どもの親権を取り上げることができたのだろうか?

ピーター・スタンレーの事例の時代背景は1970年代である。当時のイリノイ州法によると、3人の子どもは父親のいない状態だった。ピーターとジョアンが法律上の婚姻関係ではなかったという理由で、ジョアンが産んだ子どもに対して、ピーターは法律上の父親と認められなかったのだ。ピーターは法律上、自分の子どもとは何の関係もない人だった。そのうえ政府は、ピーターが子どもたちの実父であることを認識したうえでも、ピーターに好意的ではなかった。むしろ彼は、非婚のシングルファーザーであるため、養育者として不適切だと判断されたのだ。そのため、実際にピーターが良い養育者になれるかどうかを調べる手続きもなく、ピーターの養育機会は奪われてしまったのだった。

1970年代はさほど遠い昔でもないのに、米国でも婚外子の権利が認められるまでにはかなりの時間がかかった。さらに過去にさかのぼると、英米法では、婚外子は誰の子でもないとされていた。そのため、母親と父親のいずれも子どもに対して法的責任がなかった。その後、母親による養育責任が先に認められた。米国の場合、19世紀に法が改正され、この時期から婚外子が母親による養育と相続を受けられるようになった。[19] 米国で非婚のシングルファーザーの権利と義務が認められたのは、ずいぶん後のことになる。ピーター・スタンレー事件はその重要な分岐点となった。

合衆国連邦最高裁判所は1972年、スタンレー対イリノイ（Stanley v. Illinois）判決で、非婚の父であることをもって、良い養育者になれないと決めつけ、通常の聴聞機会を与えないのは不当な差別であると結論づける。[20] 続いて1973年、ゴメス対ペレス（Gomez v. Perez）判決では、婚外子という理由で子どもが養育における差別を受けてはならないことが確認された。当時テキサス州法では、法律上の結婚関係で生まれた子は父親から養育を受ける権利があり、養育を求めることができた。一方、婚外子には養育を求める権利がなかった。これに対し合衆国連邦最高裁判所は、両親が結婚していないからといって政府が子どもの基本的な権利を否定することは「非論理的かつ不正義」であると喝破した。[21]

この話を聞いた人は、結婚の有無と関係なく、実父が親権を持つのは当然ではないかと思うかもしれない。ところが、一部の人はこのような判決が、神聖な家庭を破壊する危険なサインだと思っている。たとえばこんな心配をするのだ。未婚のカップルのあいだで生まれた子が、婚姻関係で生まれた子と同じように扱われるなら、人々は結婚して子どもを産むという現在の秩序を守ろうとするだろうか。気の毒だが、婚外子には不利益を与えないと、結婚という制度が特別な意味を失ってしまうから、差別はやむをえず必要だという結論に至るのだ。しかしながら、このような疑問がわく。その秩序は何のためのものだろうか？

結婚の後に出産しなければ適法な出生とはみなされない、この秩序を守るべき理由とは何なのか。すぐに答えられないなら、類似して見えるほかの制度と比較して考えてみよう。周知の通り、自動車を運転するにはまず、国が発行する運転免許証を取得しなければならない。無免許で運転をするのは違法である。このような運転免許制度が必要な目的は明らかだ。公的に確認された運転の能力を事前に求めることで、道路交通の安全を保障するものだ。それでは、結婚制度もこの運転免許制度と似ているのだろうか？　長いあいだ多くの人は、結婚が子どもの出産と育児のための前提条件であると信じてきた。

しかし、結婚を運転免許のような資格と同列に考えるには関連性が乏しい。運転免許と運転には直接的な関係がある。運転者は、運転免許の取得を通じて、どれくらい安全に運転ができるかを確認されたうえで実際の運転を行う。しかし結婚と出産の関係は違う。結婚とは、カップルが配偶者としての権利・義務関係を成立させる法的行為である。一方、妊娠・出産はこれとはまったく異なり、性的かつ身体的なプロセスで行われる。結婚は、妊娠・出産に関する能力を確認する資格制度ではない。結婚と出産の関係は、論理的というよりは規範的なものだ。そうなると、ここで生じる疑問は、なぜ社会はこの二つを一致させようとするのかである。

　誰が何のために、このような制度を作り維持しつづけてきたのかが気にかかる。この疑問を解くために、婚姻の有無によって子どもに対する責任が変わるのは誰なのか、利害関係があるのは誰なのかを考えてみよう。歴史的に女性は、婚姻の有無に関係なく子育ての責任を負っていた。状況が変わるのは主に男性のほうだった。男性が財産をほぼ独占していた時代、婚姻の有無という境界は、「どの子どもが相続権を有し、財産相続の法的な権利を持つかを決める効果的な手段[22]」になりえた。男性にとっては、たとえ子どもができても、相続や養育について責任を負わなくてもよい「外」の領域ができるのだ。

　では、男性が責任を負う対象となる子を限定すべき理由は何だったのだろうか？　婚姻関係においては、男女が相互に貞操義務を負うものだと考えられるが、歴史的に貞操の義務は女性だけに適用されてきた。韓国でも長いあいだ蓄妾制が容認されてきたように、一夫一婦制とはいっても、男性が婚姻外の性的関係を持つことは悪いことと見られていなかった。婚姻の外で生まれた子どもに対しての義務を男性に負わせないことで、男性は婚姻外で自由な性関係を持つことができた。婚姻内と婚姻外の子どもを区分する制度は、「男性が、自分と自分の（公式的）家族に及ぼす否定的かつ財政的結果を回避しながらも、性的自由を維持」するために有用だったのである。[23]

このような制度の形成は、個々の男性が自分の子を「捨てる」ほど道徳性に問題があったからというよりも、社会システムが男性中心に構築されてきた歴史的背景に起因する。家族制度をはじめ、ほとんどの法と制度を作ったのが男性であり、彼らは婚姻外の関係で生まれた子のために、既存の家族関係が動揺したり、経済的負担を負うことを望んでいなかったのだろう。[24]にもかかわらず、ピーター・スタンレーのように、法律上の結婚とは関係なくわが子の面倒をみたいという男性の登場は、既存の「自由な」生き方を揺るがす、気まずい亀裂だっただろう。

最近、韓国にも変化の波がみられる。非婚の父親が乗り出して、婚外子の権利獲得を妨げる制度を変えている。最初から問題になったのは出生届だった。婚外子の出生届は、原則「母」が出さなければならないと決まっていて、非婚の父は、子との関係が認められるための長い裁判のすえ、ようやく出生届を出すことができた。これを改善するための努力を継続した結果、2015年にいわゆる「サランちゃん法」が通過し、非婚の父による出生届の手続きが簡素化された。[25]しかし依然として問題は残っている。たとえば、非婚の父が子の実父ではあるが、子の母親が別の男性と結婚した状態であれば、出生届の提出が難しい。母親が出生届を出せば、実父ではなく「母」の現在の夫が子の父親とみなされるためだ。このような状況では、実父が出生届を出すことも法律的にほぼ不可能だった。

このような矛盾した法律のために、出生登録すらできない子どもたちが生まれてきた。ほかに出生届を出す方法がなかった非婚の父3人と、彼らの婚外の子ども4人が憲法訴願〔国民の基本権が侵害された場合に憲法裁判所に救済を請求する制度〕を提出した。そして2023年3月、憲法裁判所は、このような制度が婚外子の「出生登録される権利」を侵害するとし、違憲判決を下した。[26]これは、実父の権利よりも子どもの権利を優先した決定だった。出生登録を両親の権利や義務として理解するのではなく、両親の関係性とは関係なく保障されるべき子どもの基本的権利として認めたという意味がある。[27]判決を受けて同年6月、国会は子どもの出生未登録を防ぐための法案を可決した。出生届を親だけに任せるのではなく、医療機関が新生児の出生情報を地方自治体に通知する「出生通報制」を導入することになったのである。[28]

ひとつ確かなことは、社会は長いあいだ、婚姻の外で生まれた人々の立場に無関心だったということだ。それなのに、婚外子を責任を持って育てた養育者には「結婚もせずに子どもを産んだ」不道徳な人という烙印を押した。韓国社会ではいまも、婚外子として生まれた人を結婚相手とすることに抵抗があると考える人が多い。2021年に行われた「家族の多様化に関する国民認識調査」によると、「未婚の父・母から生まれた子ども」を自分や子どもの結婚相手として受け入れられると答えた人は59・5%に過ぎなかった。「事実婚のカップルのあいだに生まれた子ども」に対する態度はさらに否定的で、自分や子どもの結婚相手として受け入れられると答えた人は45・5%と、半数にも至らなかった。[29]

結婚制度によって、生まれたばかりの赤ちゃんの人生が変えられてきた長い歴史を振り返ってみよう。洪吉童が庶子になった理由からもわかるように、生まれた人のせいではなく、そのように定めた当時の結婚制度のせいで、かれらは婚外子になった。にもかかわらず、われわれはその人を非難する。そもそも結婚とは社会が作った制度であり、婚外子という概念も法律によって作られた区分であることは、たやすく忘れてしまう。むしろ、制度のために不利益を受ける婚外子を、生まれてくるべきでなかった不道徳な存在とみなし、ドラマによく出てくるように、家族の悲劇と葛藤の元凶であるかのように扱う。しかし、そのような差別を設計した社会は、生まれた子を嘲笑う人々の後ろに隠れてしまっている。

ここでふたたび疑問が生じる。いま、私たちの社会は、何のために結婚制度を維持しているのか？　本当に、結婚の外で人が生まれてはいけないのだろうか？　出産は結婚の枠内にあってこそ望ましいという観念は、その意図とは関係なく、人を適法と不法に区分し、人生の始まりから経験される不平等を作った。社会は、このような不平等を知らなかったわけではないが、不当なことだとは思わなかったようだ。「結婚は出産の基盤」というイデオロギーが崩れれば、社会の根幹が崩壊するかのような不安感のために、差別を正当化してきた。そこから、さらに疑問が生まれる。そもそも私たちは、人が生まれることの意味をどのように考えているのか。生まれた瞬間から始まる差別を容認する社会で、出生率を上げるとは何を意味するのか？

人が生まれるということ

「人材は国力。出産は愛国」

２００５年10月、当時、最多の会員数を有していた女性団体が、このようなテーマを掲げて全国女性大会を開催した。２００２年以降の超少子化による危機感が高まり、この団体は「独身や少ない数の子どもを好む若者の思考」を懸念した[30]。そして決然と宣言した。「結婚は選択ではなく、女性に与えられた出産という創造の義務を再認識し、結婚と出産を忌避する現状の阻止を牽引すると決意する[31]」。その後かなり時間が経ったが、「出産は愛国」という古いスローガンは鮮明な印象を残している。振り返れば、私もいつの間にかそれに慣れてしまって、出産した同僚に思わず「愛国したね！」と声をかけたことがある。

２０１６年、韓国行政安全部は、全国の妊娠適齢期女性の居住分布を示す「妊娠適齢期女性地図」を発表した[32]。行政安全部は「地域ごとの少子化対策を図るための趣旨だった」と説明した。しかし、妊娠適齢期の女性を数字であらわすこの地図には、出産をうながす暗黙のメッセージが込められていた。出産をうながす意図はなかったと説明されているものの、あたかも女性には人口を増やす任務が課せられているかのように、「あなたが産めば社会が存続する」という重いプレッシャーを与えるものだった。一個人の人生において、出産とは将来を見据え慎重に決めなければならない難しい決断なのに、それに対して愛国心や市民意識を試すかのようなプレッシャーを与える政策の一断面が露呈した。

少子化が最大の関心事となっている現状で、結婚しても自分たちの意思で子どもを持たない共働き夫婦、いわゆる「ディンクス（DINKs：Double Income No Kids）」はとくに睨まれやすい。あるインターネットの掲示板では、投稿者の結婚相手の女性が「ディンクス」志向を明かしたことについての書き込みをめぐり論争となった。子どもを産まないならあえて結婚するつもりはないという男と、子どもを産むつもりはないが、無意味な時間を過ごさず早く結婚したいという女のどちらがより「わがまま」かを言い争うコメントが相次いだ。そして、聞き慣れた質問がそこに登場した。「子どもを産まないなら、なぜ結婚するんですか？」。その女性を非難するつもりだったのだろうが、考えてみれば本質を突く質問だ。「韓国社会における結婚とは、いったい何だろうか」という根源的な問いと言えるかもしれない。

実際、結婚や子どもの出産に関する決定は、憲法の観点から見れば、国や第三者が干渉できないプライバシーの領域になる。[33] 国家は、個人が自律的に家庭を形成し、互いの尊厳を尊重しかつ平等に家族生活が営まれるよう保護し支援する義務がある。[34] だから、結婚した夫婦が子どもを産むか産まないかの決断は、完全に夫婦の二人が決めることだ。問題は、現実が正反対に近いことだ。しばしば韓国社会における結婚と出産は、他人の意見と期待が交錯する公共的な議題のように感じられる。「今年こそは孫に会わせて」という親の密かなプレッシャーから、「子どもがいないと長生きできない」という周囲の忠告まで、結婚と出産に関する干渉はかなり日常的なものである。[35]

そのためか、結婚しても子どもを産まないと決めた人々の話がさらに気にかかる。なぜそのような決断をしたのか、各自の置かれた状況が異なるので、簡単には言い切れないだろう。ただ、先行研究によると、カップルが決断に至るまでの過程では、二つの問いが浮かび上がる。韓国社会は子どもたちが生きやすい社会なのか？　私は自分の生き方を変えなくても、子どもを健全に育てることができるのか？[36] 今後この社会で生きていかなければならない子どもと、現在生きている自分の人生を、深く考えたうえで下される決定である。子どもを産まない選択をした夫婦を自分勝手だと非難する人もいるが、かれらが熟考した過程を踏まえたとしても、安易に非難できるのだろうか。

考えてみれば、子どもを産むとは不確実な世界を開くことだ。生まれてくる赤ちゃんはどんな子なのか、子どもが育つあいだに養育者の状況がどうなるか、今後の世の中がどのように変わるのかもわからない。養育者は、現在の状況をもとに未来を予測するしかない。もしも、現在の世の中が不平等であり、養育者は子育てに有利な条件を備えておらず、今後も良くなる見通しがないとすればどうだろうか？　もちろん、子どもに対しては予測できない部分も多い。それでも、養育者が提供する「家族」という環境が、子どもの人生のほとんどを決めてしまう社会であれば、その社会で子どもを産むのは非常に難しいことだ。

　そのうえ、「国家の危機」云々の論法で出産を押しつける社会の雰囲気はどうだろうか。政府やマスコミは、少子化が進めば人口構造が変化し、社会保障などの支出が増加し、経済成長率も低下するおそれがあるという話をくりかえしている。むろん政策論的には妥当で必要な分析だろう。[37] しかし、だからといって「子どもを産め」と言うのはやや違う問題だ。少子化を克服しなければならない理由が、社会保障制度の維持と経済成長を担う人手の確保のためだとすれば、この世に生まれてくる人の意味はただの労働力に過ぎず、子どもを産むということは、せいぜい労働力の再生産に過ぎないものになる。

　生まれてくる赤ちゃんの立場に立って考えれば、人の誕生を迎える心とはどうあるべきかがあらためて見えてくる。国家の存続や発展よりも、この地に生まれ落ちた人が、尊厳を守られた平等な人生を送ることができるのか、養育者の人生を犠牲にせずに、幸せな時間を分かちあい成長できるのかが、より重要な問いになるはずだ。個人そのものを尊ぶことなく、ただの道具として扱う社会に喜んで生まれる子どもなどいるだろうか。自分がどんな人生の「ガチャ」を引くかわからない、不平等な世の中に生まれ出ようと決心するのは簡単なことだろうか。もしかしたら、現在の低い出生率は、人がどのように生まれようとも尊厳を守り、平等な生活が保障される社会になるまで世の中には出られないという、子どもたちの切実な訴えのこもったストライキなのかもしれない。

もしも結婚と出産の絶対公式が解体されたら、もしも非婚家族が多くなり、同性婚が合法化されたら、韓国社会がどのように変わるのか、簡単にひとことで予測するのは難しい。ただ、海外の状況を見ると、その変化の結果が「崩壊」や「社会の危機」からはほど遠いことはわかる。しかも、合計特殊出生率を比較すると、同性婚を合法化した国々の状況は、韓国のそれよりもはるかに良い。たとえば、2001年に世界ではじめて法的に同性婚を認めてからすでに20年が過ぎたオランダの場合、今日の合計特殊出生率は1・62だ（2021年）。フランスは1999年、同性および異性の非婚カップルのための代替的な結合制度として民事連帯協約（Pacte Civil de Solidarité：PACS）を導入し、2013年からは同性婚を認めた[38]。2021年のフランスの合計特殊出生率は1・80になった。

これらの国では、出生全体に占める婚外子の割合も高い。生まれる子どもの半分以上が法的な婚姻の外で生まれる。オランダの婚外子の割合は53・5％、フランスの場合は62・2％に上る〔2020年現在〕。2020年のOECD加盟国の平均を見ると、出生全体に占める婚外子の割合は41・9％、合計特殊出生率は1・56である。[39] 結婚と出産の絶対公式が解体された国で、出生率が高いことはどのように説明できるだろうか？ もしかしたら、これらの国では、人がどのように生まれたかには関係なく、平等な生活を保障するための社会づくりを進めてきたという意味ではないだろうか。結婚という枠を超えて、多様な出生を受け入れようとする努力のすえに起こった変化を視界の外において、〔婚外子を〕単なる不道徳、風紀の乱れとみなす誤りを韓国社会は犯してきたのではないか。

先日ある有名人が、非婚の女性として第三者の精子提供を受け、子どもを出産したというニュースが流れた。多くの人は、彼女の大胆かつ堂々とした決断に祝賀とエールを送った。出産の本質は、法的に認められた結婚ではなく子どもとの関係にあることをあらためて認識し、非婚家族でも他の家族と変わりなく暮らしていくことを期待した。他方で、苦々しい視線を送る人もいた。韓国の公共放送KBSで放送される、有名人の子育てに密着したバラエティ番組にその母子が出演すると決まったところ、「自発的シングルマザー」を美化するものだとして批判する書き込みが番組の掲示板に殺到した。[40] 青瓦台〔大統領府〕国民請願の掲示板には、公共放送は「正しい家族観を提示し、結婚と正常な出産を奨励」すべきだと主張する書き込みが投稿された。[41]

「異常」な家族の誕生を阻もうとする人々と、誰が「正常」を決めるのかと問い返す人々のあいだで、子どもたちはいまも育っている。そして、「異常」な家族の中で人が生まれたとき、その子をどのように遇するかは、依然として私たちの価値観を試す重要な問いとして残る。家族の秩序を守るために（やむをえず）引き続き正常と異常を区別し、「逸脱者」のせいにするのか。それとも、そのような区分を否定し、平等のために家族制度の変化を求めるのか。次章に続くこの問いかけは、社会が人の誕生を手段と考えるのか、それとも、誕生そのものを市民としての大切な仲間の登場と考えるのか、という観点とつながるだろう。

3章　望まれない誕生、許されざる出産

もし、あなたが裁判官なら

20代前半のAさんは、裁判所に性別の取扱い変更を申し立てた。法的に記載された性別を「女性」から「男性」に変更するつもりだったのである。Aさんは乳房を摘出し、ホルモン治療を受け、外見や声も男性になっていた。家族やまわりの人々もAさんを男性と認識している。ただAさんは、女性の生殖器官である子宮と卵巣を摘出していなかった。もしあなたが裁判官なら、Aさんの性別の取扱い変更を許可するだろうか？

この事件は２０１９年12月、京畿道《キョンギド》のある裁判所で受け付けられた[1]。当時、第一審を担当した裁判官は、Aさんの性別変更を許可しなかった。そのためには、申立人（Aさん）は生殖能力を失わせる手術、つまり子宮と卵巣の摘出手術を受けなければならないというのが理由だっ

た。裁判所には、類似事件の参考にするために作られた「性同一性障害者の性別取扱い変更申立事件などの事務処理指針」という文書がある。ここに「性別適合手術の結果、申立人が生殖能力を喪失」したか否かを調査できるという内容がある。[2] 第一審の裁判官は、生殖能力の喪失が「必須条件」だと考えたのだ。

ところが2021年10月の控訴審で、第一審の決定が逆転された。控訴審を担当した裁判所は、Aさんがすでに社会的に男性として生活しているため、生殖能力の喪失は参考情報にすぎず、必須要件ではないとした。韓国の裁判所が史上はじめて性別適合手術、いわゆる「不妊手術」なしに性別取扱いの変更を認めたのだ。裁判所は自己決定権および人格権、身体を毀損《きそん》されない権利に言及し、次のように述べた。

子宮摘出のように生殖能力の不可逆的な除去を要求することは、性的アイデンティティを認められるために身体の完全性を害するよう強制することであり、自己決定権と人格権、身体を毀損されない権利などを過度に制約する結果となる。[3]

このような裁判所の決定をどう思うだろうか？　生殖能力を喪失しないということは、妊娠の可能性が残るということになる。「男が嫁」であることでさえとんでもないのに、男が妊娠できるだなんて。性別を変更するためには当然、不妊手術を受けるべきではないかと思うかもしれない。ところが、たまに海外では、トランスジェンダーが男性の性別のまま妊娠し子どもを産んだというニュースが聞こえてくる。人によっては「世も末だ」と言うだろうが、これは私たちと同じ時代を生きている人々の話でもある。

２０２２年時点で、トランスジェンダーのための性別変更手続きを設けている欧州40か国のうち28か国が、不妊手術なしに性別の取扱い変更を許可している。[4] 最初からそうだったわけではない。従来は多くの国で強制的な不妊化要件の規定があったが、それを廃止する国が多く、その数もますます増えている。いまやオランダ、ドイツ、スウェーデン、スペイン、英国、イタリア、ポルトガル、フランスなど多くの国で、トランスジェンダーは不妊手術を受けなくても法的に性別を変更できる。

２０１７年、欧州人権裁判所は、トランスジェンダーに対して生殖能力をなくす手術を強制することを禁止する判決を下した。国が公的書類における性別表記を変更する条件として、不妊手術・施術、もしくは不妊を招く可能性が高い手術・施術を要求することは欧州人権条約に違反すると述べた。国家の立場からは、身分登録の秩序を守ることが重要だとしても、不妊化は過度な要求だと判断したのである。本人が望まない不妊手術を受けるようトランスジェンダーの人に強要することは、個人の身体の完全性を害することであり、性別に対する個人のアイデンティティの尊重を保障するという国家の義務に違反することだとした。[5]

世界的に見れば、不妊手術をはじめ、さまざまな医療行為や精神科医による診断などを強制していた要件が消えている。その代わりノルウェー、デンマーク、ベルギー、スイス、アルゼンチン、アイルランド、ポルトガルなどは自己決定権を尊重した性別の決定を認めていて、そのような国や地域はますます増えている。[6] 公的書類において「女性」「男性」以外の性別記載ができるように見直しに取り組んでいる国もある。ネパール、ニュージーランド、ドイツ、米国、インド、カナダ、オーストラリアを含む多くの国で、パスポートなどの公的書類に性別情報を記載する際、「女性」「男性」のほかに「X」「多様」「その他」のような選択肢を提供している。オランダは身分証明書の性別記載を廃止する予定だというニュースも聞こえてくる。[7]

考えてみれば、国家は家族関係登録簿〔夫婦・親子関係などについて公的に証明する書類。日本の戸籍謄本に相当〕をはじめとする公的書類において、「私」に関する情報を記録・管理する役割を果たすだけで、私の個人情報を勝手に指定する権限はない。たとえば、「私」が公的に使用したい名前があれば、国は原則として個人情報に対する自己決定権を尊重し、名前の変更を承認する。[8] 性別も名前と同様に単なる個人情報であり、国は単なる管理者であると考えれば、海外での変化は不思議なことではない。

それでも、依然として完全には納得できないと思うかもしれない。法律上の性別が男性である人には出産ができないよう、国家が統制するのは当然だと考えるかもしれない。だが、一度考えてみよう。国家が個人の性別情報を管理する役割を担っているからといって、生殖能力をなくすことまで個人に要求できるのだろうか？　ある人が子どもを産める・産めないということに対して、国家が決定の権限を持つのだろうか。人の誕生をめぐる国家の権限は、どこまで及ぶのだろうか？

去るべき子ども

人が生まれるということは、未知の存在が共同体にあらわれる劇的なできごとだ。移民の場合、国家による厳しい審査を経て、新たな人が社会の構成員として受け入れられる。一方、出生の場合は事前の審査など存在しないため、新しい人がそのままこの世に登場することになる。もし仮に、このようにして登場した構成員が、社会から歓迎されない存在なら、国家はその人に何をどこまでしてもいいのだろうか。移民の場合の入国拒否のように、この地で生まれた人を海外へ送り出せばいいのだろうか。

１９６６年４月28日付の『朝鮮日報』に、「全国に４万人　成年になった混血児の悩み」というタイトルの記事が掲載された。この記事に登場する「混血児」[9]のエピソードのひとつを紹介する。

私は、どうしてお母さんが私が外出することを嫌がったのか、私を部屋の中に閉じ込めたのか、子どものころはさっぱりわからなかった。そして、知らない人を見ると顔を隠したり、〔母の胸に〕顔を埋める習慣がいつ、どの時点で身についたのかも覚えていない。私の故郷がここではないということだけが確かで、何がどのように間違っているのか、何も知らなかった。[10]

よく知られているように、朝鮮戦争が終わった後、韓国人の母親と米軍人の父親のあいだに生まれた多くの混血児が、国際養子縁組で海外に渡った。本当は混血児の「全員」を国際養子縁組で海外へ送り出すのが政府の計画だった。[11] しかし、養子縁組を待ったがうまくいかず、そのあいだに成長してしまった子どもたちがいた。この記事は、そのように「混血児を全員養子にするには先が暗い」状況で、「別の逃げ道」を探さなければならないという「社会問題」を懸念している。[12]

紹介した記事は、当時13歳だった子どもの話だ。この記事で彼は、かなり前から人目を避けて顔を隠し、部屋の中に閉じ込められて暮らしていたとし、「私の故郷がここではないということだけが確か」だと話す。紛れもなく韓国で生まれ、韓国で育ったのに、なぜ韓国が「故郷」ではないと言うのか。この記事では国際養子縁組を、かれらが故郷を離れることではなく、まるでかれらの故郷に戻ることかのように言っている。

奇妙に聞こえるかもしれないが、混血児は実際に「韓国人」ではなかった。当時の法律で、外国人の父親から生まれた混血児は韓国国籍を有することができなかったのだ。1948年に制定された国籍法は父系血統主義を採用していて、父親が韓国籍でなければ子どもは韓国人になれなかった。父親が不明の子どもの場合、母系血統主義を認め、韓国籍を取得する方法があったが、混血児の場合、外見から父親が外国人であるとみなされ、その方法で国籍を取得することは難しかったのである。[13] 父または母のいずれかが韓国国籍を有していれば国籍を取得できる父母両系血統主義に変わったのは、約50年が過ぎた1998年6月のことだった。[14]

当時の身分登録システムが戸主制に基づいて作られたという点も問題だった。戸主制は「戸主を中心に家族構成員の出生・婚姻・死亡などの身分変動事項を記録[15]」する制度だ。戸主は男性であることが原則であり、他の家族構成員は戸主との関係によって身分を登録される。たとえば、女性が結婚すれば夫が戸主である戸籍に入り、父親が戸主である戸籍からは削除される。子どもは父親の戸籍に入ることになり、戸主が死亡すれば息子が優先的に戸主を継承する。

このように父系血統主義を採用する戸主制で、外国人の父親を持つ子どもは困難に直面することになる。子どもは父の姓と本貫《ポングァン》〔家系の始祖の出身地。単なる地名ではなく血統や身分などもあらわす〕を受け継いで身分登録を行うが、混血児は父親の戸籍に入ることができない。韓国人の母親が、子どもを母方の親族の戸籍に入籍させ国籍を持たせる場合もあったが、ほとんどの子どもは最初から戸籍がなかったという。[16] 1959年3月の記事によると当時、混血児1020人のうち325人だけが韓国国籍を有していた。[17] 戸主制は、その後2005年に韓国憲法裁判所の違憲決定により廃止されるまで、長年にわたり維持されてきた。

かくも父系血統を重視する家父長制社会で、外国人男性とのあいだに生まれた子どもはまさに「根無し」の存在であり、孤児と変わらない立場だった。韓国人の母親がいても、混血児にとって韓国は故郷ではなかった。むしろ国家は、かれらに向かって「父親の国」へ行きなさいと要求した。子ども自身のためにという名目で、国際養子縁組をして子どもを国外に送るよう圧力をかける人々に囲まれ、多くの母親は、ほかに選択肢がないと信じて親権を放棄した。[18] だが本当に国際養子縁組以外に道がなかったのだろうか。戸主制と国籍法を改正し、かれらが韓国国籍を取得して暮らせるようにはできなかったのだろうか。

考えてみれば、当時は大韓民国が史上はじめて平等と自由という基本精神を掲げた民主主義憲法を採択し、政府を樹立したころだった。以前の朝鮮時代や日帝による植民統治期とは根本的に異なる、新しい社会秩序をつくるために、法制度の近代化を進めていた時期だった。大韓民国憲法（制憲憲法）第8条は「すべての国民は法律の下に平等」として「性別」による差別を禁止し、第20条は「婚姻は男女同等の権利を基本とし」と規定していた[19]。民主主義体制に合わせて、家族制度も男女の平等を基礎に再整備するのがむしろ当然の手順だったはずだ。

しかし不思議なことに、家族制度だけは例外だったようだ。家族に関してだけは、平等よりも伝統を守るべきだという意見が支配的だった。民主主義の理念や憲法そのものは西欧に起源を持つものだが、家族に対してだけは、民族の「良風美俗」を守らなければならないという主張が勝っていた。法学者のヤン・ヒョナの分析によると「家族法は西欧法ではなく、その民族固有の『慣習』に従うべきという発想自体が、日帝の植民政策によって定められたもの」であるにもかかわらず、家族法に関しては伝統が重視された[20]。そのため、平等は伝統的な家族秩序を害さない範囲内で許されるという考え方は、現在まで家族制度を「凍結」させる「絶対的な原理」となった[21]。

社会は家族制度を変える代わりに、混血児とその母親に矛先を向けた。母親は米軍人と性売買をした「堕落した」女性と認識され、血統が異なる存在を産んだとの非難を浴びた。また、混血児に向けては「韓国から出ていけ」と、まるでかれらの存在が恥であるかのように扱った。いわゆる「洋公主」〔米軍を相手にする売春女性を揶揄する言葉。洋は西洋、公主は姫様の意味〕の子、単一民族の純粋な血統を汚した存在、父親のいない子というレッテルが貼られた。社会福祉士たちは、混血児が韓国に住めば一生差別を受けるからと国際養子縁組を勧め、子どもを海外に送るよう母親たちにうながしたという。[22] 子どもが受ける差別の苦しみを本当に心配して勧めたのかもしれないが、その苦しみを解決する方法は、国際養子縁組しかなかったのだろうか。

当時大統領だった李承晩《イスンマン》は、反共主義と朝鮮半島の統一を目標に掲げ、単一民族の血統と共同運命を強調する「一民主義」の理念を立てた。[23] ところが皮肉にも、大統領自身の夫人はオーストリア出身の女性だった。どうやら父系血統家父長制では、妻が外国人であることはとくに問題にならなかったようだ。当時、国籍法で「大韓民国の国民の妻になった者」には自動的に韓国国籍が付与された。[24]「混血」の人全員を海外に送ろうとするほど「純血」を強調しながらも、男性の血だけを考慮する不整合を疑問に思う人は、当時の韓国社会にはいなかったようだ。

よりによって見いだした方法が国際養子縁組だったのも、家父長制秩序から見て「最善の」選択だと考えたからだろう。すべてが男性を中心に設計された社会で、夫のいない女性が子育てをしながら生きていく方法がほとんどないということを、国も当然よく知っていた。夫がいなくても、女性が働きながら子育てできるように社会構造を変えるか、国が費用を負担して子育て支援をしなければならないはずだった。ところが、子どもを海外に送り出すことができれば、悩みを一挙に解決することができた。家父長制秩序を損なうことなく、社会保障の費用もかけず、さらに国際養子縁組を通じて外貨まで稼ぐことができた。[25]

この「最善の」方法は、韓国の経済成長期にも続いた。この時期、国際養子縁組の件数はさらに爆発的に増加した。保健福祉部〔日本の厚生労働省に相当〕の統計によると、1958年から1969年のあいだに国際養子縁組で海外に渡った子どもは7867人だった。その後、70年代に4万6035人、80年代には6万6511人に上った。韓国がOECDに加盟した1999年以降も、その数は常に年間2000人以上であり、2000年代後半からは年間1000人以上、2012年に養子縁組特例法が改正された後も、新型コロナウイルスの流行以前である2019年まで年間300人以上の水準で続いた。[26] そのほとんどは「未婚の母」が産んだ子どもだった。[27] 韓国社会は、そのようにして家父長制を維持し、社会保障支出を抑制し、経済発展を遂げてきたのだ。

国際養子縁組は、何のための「最善」だったのだろうか？　先日、300人あまりの海外養子が、国際養子縁組の過程で人権侵害を受けたとし、「真実・和解のための過去事整理委員会」〔略称「真実和解委員会」。国家権力などによる人権侵害・暴力・虐殺などの真実を明らかにするために2005年に設けられた国家機関〕に調査を申請した。かれらは、混血児の国際養子縁組が「民族浄化」に該当する「人道に対する罪」だと話す。経済成長期に続いた国際養子縁組でも、両親のいる児童を「孤児」と書類上で書き換えるなど、政府と養子縁組あっせん機関によってなされた人権侵害を明らかにするよう要請するものだ。[28] その結果として2022年12月、真実和解委員会は、

1960年から1990年ごろまでオランダ、ノルウェー、デンマーク、ドイツ、米国、ベルギーの6か国へ国際養子縁組に出された34人の事件に対する調査を開始すると発表した。[29]

この地に生まれた人を排除する「追放」の歴史は、実に残酷なことだとしか言いようがない。しかも人々は、子どもが韓国にいると深刻な差別を受けるから、海外へ送るべきだと言いつづけてきた。あたかもそれが子どものための最善の道であるかのように。しかし本当の最善は、子どもたちがこの地でともに暮らせるように、制度を改め、社会を変えることだったのではないだろうか。それなのに韓国社会は、変わるための努力をしないで済む方法を選んだ。そのようにして、非常に長いあいだ家父長制を守り、経済発展だけを最高の価値として、人を排除してきたのだ。

出産の資格

2018年、国家人権委員会は「障害者の母・父性保護の権利の増進を図るための実態調査」を行った。当時のアンケート用紙に含まれている質問項目のうち、ひとつを紹介する。この本を読んでいるあなたも次の質問を読んで、自分の考えに近いほうを選んでみてほしい。

質問「養育能力の不足している障害者の夫婦は、妊娠や出産をやめたほうがいいと思う」

①はい　②いいえ

非障害者の605人がこのアンケート調査に参加した。結果はどうだっただろうか。「はい」と答えた人が7割を占めた。「いいえ」を選んだ人は3割に過ぎず、障害のある夫婦は、養育能力が不足し子育てが大変なら、妊娠や出産をやめたほうがいいと思う人が圧倒的に多いことがわかった。[30]だが、皆さんもよくご存知の通り、妊娠・出産は障害者を含むすべての人の権利、すなわち人権である。[31]子育てに困難をかかえている障害者の夫婦がいたら、かれらが必要とする支援を行うべきであり、妊娠・出産をやめたほうがいいと言うのは差別になりうる。では、どうして人々はこのように答えたのだろうか？

前述の結果と同様、多分あなたの答えも「はい」に近かったのではないだろうか。おそらく、あなたは「現実的にかれらに対する支援が足りないからそう答えただけで、もし国が障害のある夫婦に十分な支援をできるなら、私の答えも変わるはずだ」と考えているのだろう。前述の実態調査では、子育てをする障害者に対する国の支援の充実に94％の人が同意した。[32]それでも、どこかすっきりしない。結局、現状のままでは障害者の出産が歓迎されないという事実は変わらないからだ。

妊娠・出産を個人の権利と認めながら、障害のある夫婦はなるべく妊娠・出産をやめたほうがいいと思う、この矛盾した感情について考えてみよう。おそらく、生まれてくる子どものことを心配して、親の決定を素直に歓迎できないという気持ちの人がほとんどのはずだ。子どもが不幸な人生を送るだろうと予想して、両親が自分の権利を前面に押し出すのを「自己中心的」だと考えるのだ。しかし、このような表現は、障害のある親でなくてもよく聞く言葉だ。非婚女性が出産すると言えば「父親のいない家庭で育つ子どものことを考えろ」と周囲から引き止められるだろう。ここで権利を前面に押し出せば、自己中心的な人とされてしまう。貧困家庭で子どもをたくさん産んでも、「子どものことを考えない自己中心的な人」だと白い目で見られる。つまり、ある状況下における出産は、しばしば社会的に「自己中心的」な行動だと評価されることになる。

では、どうすれば「自己中心的でない」出産ができるだろうか？　前述したいくつかの状況をもとに、逆に考えてみよう。とりあえず健常者（非障害者）でなければならず、婚姻状態の男女でなければならず、経済的に一定の余裕がある環境で、理想的な数の子どもを産まなければならない。理想の子どもの数を、人口置換水準（現在の人口水準を維持するために必要な合計特殊出生率）である2・1人を考慮してまとめると「中流階級以上の、結婚した健常者かつ異性の夫婦と二人の子どもで構成された家族」なら、自己中心的という非難を受けることはなさそうだ。

いわば「出産の資格」である。

韓国社会において、暗黙の「出産の資格」が存在するという事実はよく知られているが、それでも疑問に思わずにいられない。第2章でも述べたように、出産は明らかに、子どもを産み育てる養育者自身の問題であり私的領域のはずだが、当事者ではない家族や知人の欲望が入り込み、ひいてはあたかも公共事業であるかのように、国家と社会からのプレッシャーを感じることになる。出産の決定が個人の権利ではなく、まるで国家・社会に対する義務と責任を果たす行為であるかのように感じられる。

さかのぼってみると、儒教文化の秩序において出産は一族をつなぐ方法だったので、家族全員の利害がかかったことだった。出産は家族に対する義務であり、女性に与えられたもっとも重要な役割だったといえるだろう。そして儒教的な家族観念は、近代を経て「国家」という観念を形成する土台になった。「国家」という用語自体が「国」と「家」を合わせたもので、国家とはすなわち「大きな家」であり、ひとつの家族として概念化された[33]。そう考えると、出産は国家を存続させる方法として、社会全体の利害がかかった問題になる。では、出産は国民の義務であり、国家は個人の出産に口出しし統制してもよいということなのだろうか？

世界的に見れば、多くの国が個人の出産にかかわりはじめたきっかけがある。20世紀初頭の優生学の登場だ。人間の中により優れた人間がいるという考え方、優秀な者を増やし、劣った者の消滅をめざすという考え方が、医学と科学の名のもとに拡散された。多くの国が、民族を改良し文明社会を築くという壮大な計画を立てた。劣等な者を排除するために強制不妊手術を実施した。そのような考えのもと、米国、ドイツ、デンマーク、ノルウェー、スウェーデン、フィンランドなどが、公共政策の名目で強制的な不妊手術を法制化して施行した。[34]

歴史に名だたる蛮行として知られるナチス・ドイツによる大虐殺（ホロコースト）の背景にも優生学があった。ナチスは1933年に「遺伝病の子孫の出生を予防する法律」を制定し、1935年までに知的障害、精神障害のある約37万5000人に対して断種手術を実施した。1935年には「婚姻健康法」を制定して、精神障害、遺伝病、感染症などを患う人の結婚を禁止した。そして「T4」作戦によって障害、疾病、反社会的行動などのために「価値のない」とされた、少なくとも7万人をガス室で殺害した[35]〔ガス室以外にも薬物注射や意図的な放置・餓死も用いられたとされる――訳注〕。かれらを支援するために必要となる経済的負担を避ける一方、「価値のある」人々だけで優秀な民族をつくるためのプロジェクトだった。

韓国も1910年代後半に優生学を受け入れ、1933年に「朝鮮優生協会」が設立されて、民族改良を唱える優生運動を展開した。[36] このような雰囲気の中で、ハンセン病（らい病）を患う人が強制不妊手術の対象になった。1930年代から1990年前後まで、ハンセン病患者は病院などの療養所に隔離収容されて生活し、配偶者と一緒に生活するためには断種手術を受けなければならなかった。妊娠した場合は中絶を強制された。当時すでに、ハンセン病が遺伝病ではなく細菌感染症であることが明らかになり、1950年代からは治療剤の普及で完治が可能だったにもかかわらず、国は長いあいだ強制不妊政策を維持した。[37]

障害者も強制不妊手術の対象となった。1999年のある調査では、社会福祉施設6か所で、1983年から98年までに知的障害者66人（男性40人、女性26人）が強制不妊手術を受けたことが明らかになった。[38] それは社会福祉施設の独断で行った行為ではなかった。担当する公務員が協力したうえで、公的機関である保健所と大韓家族計画協会を通じて不妊手術が行われたのだ。1973年に制定された母子保健法により、遺伝性疾患を持つ人の強制不妊手術を国家が命令することもできた。[39] 母子保健法の目的は、最初から「健全な」子どもの出産と養育を図るという優生学的思想に基づいている。[40] 健全な、つまり辞書の定義でいうと「心身に異常がなく健康である」子どもを出産することは、産業化の時代に必要な、質の高い人材を確保するための国家的課題でもあった。[41]

国家が不妊手術を強制する制度は1999年2月に廃止されるが、母子保健法にはいまでも優生学的条項が残っている。父または母に「優生学的または遺伝学的精神障害や身体疾患がある場合」には人工妊娠中絶手術を許可するという母子保健法第14条である。不妊手術を強制するわけではないものの、優生学的な観点から、相対的に価値のない人がいるという、ぞっとするような思想がそこに潜んでいる。国家人権委員会は、この条項が「障害女性当事者の同意のない強制不妊手術や人工妊娠中絶を正当化」し「障害者を劣等な存在と認識させるスティグマ」を招きかねないことを憂慮する意見を表明した。[42]

過去ほど露骨ではなくても、「健全な子ども」を生産できない人に対する社会の圧力は今日も続いている。一例として、誰かが社会に望ましくないとされる出産をするとき、「自己中心的」な行動だとして、出産を決めた個人に責任を転嫁することが挙げられる。人々は、混血児に対してしたのと同じように、子どもを社会的な差別と不幸な人生から「保護」するという理屈で、障害者とその家族に干渉する。そうして実際に、障害者が出産や家族生活を夢見ることが難しい社会をつくりだす。[43] 依然として優生学に基づいた差別は、「正常」で「優れた」人だけが出産し出生するように資格を与えるメカニズムとして作動している。

生殖の権利

強制不妊手術のほかにも、結婚の禁止は「劣等な」人の出産と出生を統制する方法のひとつだった。前述したように、ナチス・ドイツは1935年の婚姻健康法で、精神障害、遺伝性疾患、感染症などがある人の結婚を禁止した。同年制定の「ドイツ人の血と名誉を守るための法」は、ドイツ人とユダヤ人の結婚および婚姻外性交渉を禁止した[44]。米国では、19世紀後半から優生学の影響で、知的障害者・精神障害者などの結婚を禁止する法が制定された[45]。白人と他人種の結婚を禁止する法律は17世紀から始まり、1967年に合衆国最高裁判所における「ラヴィング対ヴァージニア」（Loving v. Virginia）裁判で州法が無効になるまで、多くの州で施行されてきた[46]。

優生思想の論理から、移民も選別的な移民政策により統制された。優秀な種族を繁栄させるために、劣等な種族の人口増加を防がなければならないという理屈だった。米国は、初期に移住した西欧人を中心とした国家を維持するため、1924年移民法でクォータ制を採用した[47]。その結果イタリア、ハンガリー、トルコなどの南欧と東欧出身の移民が大幅に制限された。アジア人の移民は全面禁止になった。家族移民で、同伴家族と一緒に移住することも難しくし、多くの場合、互いに離れて暮らさなければならなかった。

現在の韓国には、10年近く韓国に滞在しても家族を呼び寄せできない移民がいる。政府は、韓国に長期滞在するほとんどの外国人に対しては、家族と一緒に生活することが当たり前だと考え、配偶者や未成年の子など家族にも滞在資格を認めている。一方で、雇用許可制〔韓国の外国人労働者受け入れ制度。政府の許可を得た企業が、在留期間を区切って外国人労働者を雇用できる〕を通じて入ってくる外国人労働者には家族の同伴を認めない[48]。中小の製造業、建設業、農業、畜産業、漁業など、韓国人が忌避する仕事を担う移住労働者たちだ。その理由は明らかではない。「未熟練労働者」という地位のせいだろうか？　未熟練労働者でも家族が大切なことは変わりないはずなのに、とりわけかれらだけを家族と引き離す、差別的でない正当な理由があるのだろうか。[49]

人の価値に優劣をつける優生思想は、歴史的に数多くのマイノリティ差別を正当化する理論的基盤となった。人種主義、ゼノフォビア（外国人嫌悪）、障害者差別、ホモフォビア（同性愛嫌悪）、貧困層に対する烙印など、集団と集団のあいだに序列をつけ、劣等な集団を隔離・排除しようとする試みが続いた。優生学は当初、人類の発展を図るための理論のように見えただろうが、結果的にはマイノリティに対する暴力を正当化し、人間を「役に立つ／立たない」だけで評価される道具的存在に格下げした。それでも社会は、依然として明示的あるいは暗黙的に、「経済発展」のための「人手」として人の価値を計算し、優生学の観点から「人口」を考える。

もっとも過酷な差別は、しばしば温和な顔つきでやってくる。生まれてくる子どもの不幸を心配する声が、自己成就的な予言になるのだ。人々は、出産を考える人に情け深い心配の言葉と警告を送ることで、世の中の差別は今後も変わらず続くということを既成事実化する。そして、実際にかれらが直面する不幸は、もっぱら出産を「選択」した個人の自己責任になる。その結果、私たちは差別を温存し継承することで、ある集団の未来を恒久的に不幸にする行為に（意図せず）「加担」する。このような方法で、ある種の人々をこの地に生まれさせないようにする行為は、どれほど暴力的なことだろう。

生まれる子の人生を心配して、親が出産をあきらめるべきだという考えは、逆に考えれば、そのような社会の変化をめざすつもりはないということの言い訳なのかもしれない。一方、親が出産に関することを自己の意思で自由に決定する権利が保障される社会は、子どもにとっても間違いなく良い社会である。生まれてくる子どもに対して罪悪感を覚えなくともよい社会であるなら、すでに不合理な差別のない世の中であるはずだからだ。私たちは、誰かの出産を防ごうとするのではなく、出生によって新しく登場する予測不可能な構成員のために、みずから変化し、より良い共同体を形成する方法を学ぶ必要がある。

そのためには、妊娠・出産が国家的な「手段」ではなく、国家が保障しなければならない個人の「権利」であることを確認することが大切だ。個人は妊娠・出産に関して、責任を持って自由に決定する権利を有し、国家はすべての人がこのような権利を享受し、健康に暮らせるよう保障する義務がある。これを「リプロダクティブ・ライツ（生殖の権利）」という。1994年にカイロで開催された国際人口開発会議（ICPD）において提唱された概念である。その行動綱領では、生殖の権利を次のように定義する。

（リプロダクティブ・ライツは）すべてのカップルと個人が自分たちの子どもの数、出産間隔、ならびに出産する時を責任をもって自由に決定でき、そのための情報と手段を得ることができるという基本的権利、ならびに最高水準の性に関する健康およびリプロダクティブ・ヘルスを得る権利を認めることにより成立している。(…)差別、強制、暴力を受けることなく、生殖に関する決定を行える権利も含まれる[50]。

生殖の権利は、単純に「選択」の問題とは言えない。国家による外圧がなかったとしても、個人が下した決断の結果が依然として差別的である可能性があるためだ。たとえば、出生前診断で胎児に障害があると告げられた場合の選択を考えてみよう。ある人が胎児の障害を理由に妊娠中絶を決める際、その「選択」をするまでに、周囲から障害児の家族が背負う苦しみについて、どれだけ多くの「アドバイス」を聞くかを考えなければならない[51]。人々は、現実に存在する差別と不平等を考えてアドバイスをし、当事者はそれらを踏まえて決定を下すだけだろうが、優生学思想に基づく秩序は、そのような「選択」を通じて維持される。この悪循環を断ち切るためにはどうすればいいのだろう。

2017年2月、韓国最高裁は、強制的な不妊手術と中絶手術の被害を受けたハンセン病患者らに対し、国家賠償責任を認める判決を下した。本人が望まない手術を国家が強制したことで、憲法が保障する「身体を害されない権利」を侵害したとし、その結果、家族を構成し幸福を追求する権利を不当に侵害された事実が認められるとして、以下のように述べた。

（ハンセン病患者に対する精管切断術と中絶手術は）ハンセン病患者の妊娠と出産を事実上禁止することで、子どもを産み仲睦まじい家庭を築き幸福を追求する権利はもちろん、人間としての尊厳と価値、人格権および自己決定権、プライバシーなどを侵害または制限する行為であることは明らかだ。[52]

当時、政府側は、ハンセン病患者が手術に同意したと抗弁した。しかし最高裁はこれを「同意」とは認めなかった。同意は「真の自由意志」によって行われなければならないが、「社会的偏見と差別、劣悪な社会・教育・経済的条件などにより、やむを得ず」なされた同意は事実上、公権力による強制だとみなされた。

海外では、過去に実施されたトランスジェンダーの人々への強制的な不妊手術に対しても、国家賠償を認めたとのニュースが聞こえてくる。先日スウェーデン議会は、1972年から2013年にかけて、望まぬ不妊手術を受けたトランスジェンダーの人600～700人に対して国に賠償責任があると判断した。[53] オランダ政府は、1958年から2014年まで公文書における性別記載変更のために不妊手術を義務づけていたことを公式に謝罪し、被害を受けたトランスジェンダー約2000人に賠償することにした。[54] いつか韓国も、トランスジェンダーの人に対して、ハンセン病患者の強制不妊手術の件と同じような決定を下す日が来るのだろうか？

生殖の権利を保障するということは、妊娠・出産に関する個人の決定を尊重することでもあるが、そうして生まれてくる人を尊厳ある個人として平等に遇するという約束でもある。差別を容認・黙認していた時代には、誰かの出産を止めることが子どもの権利を守ることのように見えただろうが、差別に立ち向かうと決めたときから、養育者の権利と子どもの権利はつながっており、家族の権利を擁護することが、すべての人の差別を受けない権利を擁護することになる。トランスジェンダーが出産できる世の中になることは、性別という古い枠組みから私たちがもう少し自由になれるという意味なのかもしれない。次章で述べるような、性別による役割や固定観念が浸透している韓国社会では、まだまだ遠い先の話ではあるだろうけれど。

4章 役割は性別で平等に分業できる？

二人の母

米国マサチューセッツ州で同性婚が認められた2004年より11年早い、1993年のこと。二人の女性が、5歳の女の子タミーを共同で養子縁組したいと裁判所に申し立てした。彼女たちの名前はスーザンとヘレン。スーザンとヘレンは10年以上一緒に暮らしていたカップルで、タミーはスーザンが人工受精で授かった子どもだった。ヘレンは自分のお腹を痛めて産んだわけではなかったけれど、二人で一緒に妊娠を計画し、共同でタミーを育ててきた。そのため、ヘレンにも法律上の母子関係を認めてほしいとして申し立てたのである[1]。

当時はまだ同性婚が認められなかったため、二人は同居していたものの、いずれも未婚の状態だった。スーザンはタミーの法律上の母親であり、ヘレンはタミーの二人目の母親になろうとした。もし裁判所が、スーザンとヘレンのカップルが共同で養子縁組することを認めれば、タミーは二人の母親を持つことになる。裁判所はどんな判断を下しただろうか？　仮に、いまの韓国で同じようなことが起きたら、裁判所はどう判断すべきだろうか？

おそらく、ここまで話を聞いたうえで意見を聞くとしたら、母親が二人もいる家族なんてありえないと、養子縁組の申し立てを無効にするのが当然だと考えるかもしれない。第3章での反応と同じく、一生のあいだ差別を受けるタミーは不幸な人生を送る可能性が高いのに、それでも母親になろうとするヘレンは自分勝手だ、と非難されるのではないだろうか。何よりも、子どもがちゃんと育つには母親と父親の両方がいるべきなのに、母親だけが（二人も？）いるのは子どもにベストな養育環境ではない、と思うのではないだろうか。

ところが、いくつかの述べられていない事実がある。スーザンとヘレンはいずれも外科医だ。二人はそれぞれ病院で働き、ハーバード大学医学部の教授でもある。彼女たちは10年前に共同で購入した持ち家に住んでいる。ヘレンには家族から相続するはずの遺産があり、タミーの養子縁組が認められれば、その遺産はいずれタミーのものになる。しかし養子縁組が認められなければ、遺産は他人に相続されることになる。

タミーはスーザンとヘレンのことを両方とも「ママ」と呼ぶ。スーザンとヘレンは養育を完全に分担している。普段ヘレンは平日にタミーとランチを一緒に食べ、週末には3人一緒に遊びに行ったり家事をしたりする。二人とも仕事をしているあいだは、ベビーシッターがタミーの面倒をみる。年に3、4回くらいは、親戚がいるカリフォルニア州とメキシコで一緒に休日を過ごす。

まわりの人はみな、スーザンとヘレンが良い養育者であり、タミーにとって良い養育環境だと話す。隣人、親戚、神父、修道女、同僚、タミーの先生、メンタルヘルス専門家までも、タミーは子どもにとって良い環境で暮らしていると思っている。スーザンとヘレンは、共同で養子縁組を申し立てる理由をこのように話す。もし私たちが別れたとしても、ヘレンが養育の責任を負い、権利も同等に持つことを願っている。タミーにはスーザンだけが母親でいるより、ヘレンも含めて二人の母親がいるほうが望ましいのだと。

このような状況を知ったら、少し考えが変わっただろうか？　1993年、マサチューセッツ州最高裁判所は、二人が共同で養子縁組をすることを認めた。[2] 養子縁組においてもっとも重要な判断基準は「子どもの最善の利益」だ。養子縁組が認められれば、今後もタミーは、いままでのように安定的な暮らしを送ることができる。養子縁組が認められなければ、スーザンがヘレンより先に死亡したり、二人が別れることになったりしたら、タミーの人生は不安定になる。精神科の専門医も証人として、「養育者の性別ではなく、家族の安定と幸福が児童の発達には重要」だと証言した。裁判所が養子縁組を認めたのは当然のことだった。

30年前のこの判決は、米国で同性カップルの子育てを公式に認めた重要な判決のひとつだった。当時、同性カップルの子育ては子どもの発達に悪影響を及ぼすと考える人が多かったが、具体的な状況を見れば現実は違った。異性カップルだからといって全員が良い養育者とは言えないのと同じように、同性カップルも全員が良い養育者だとは言い切れないけれど、すべての同性カップルが悪い養育者だとも言えなかった。重要なのは子どもの利益なので、裁判所は同性カップルだからというだけで養子縁組を不許可にするのではなく、個別に審査して判断する必要があると見たのである。

考えてみると、あまりにも単純な話だ。経済的に安定し、子どもと一緒に時間を過ごし、お互いに助けあう二人が共同で養育の責任を負いたいというのだから、裁判所は実に良い家庭環境だと判断したのだろう。では、果たして家族とは何なのかという根本的な疑問が生じる。男性と女性が結合して子どもを産むことだけが家族の本質なのか？　私たちの実際の生活を考えてみると、家族とはむしろ、生活共同体という概念により近い気がする。だとしたら、良い養育者であるかどうかは、性別とあまり関係がないのかもしれない。

とはいえ、一方ではやるせない気持ちにもなる。もし母親になろうとする二人が医者ではなかったとしても、同じように思っただろうか？　ヘレンとスーザンのように、教育水準、所得、社会的地位などにおいて上位階層の二人が養育者の場合には、母親ないし父親が二人だという事実も、不思議なほど問題にならないようだ。むしろ最高に望ましい養育者だと思われるかもしれない。おそらく子どもは非常に高い確率で、豊かな環境で最高の教育を受け、良い職業に就くと予想されるからだ。

30年前の米国の二人の母親の話から始まった問いかけを、2章に分けて考えてみたいと思う。まず本章では、性別の異なる二人の養育者がいてこそ子どもにとって「完全な」家族だと考える固定観念について考えてみる。なぜ母親と父親の両方がいなければいけないのか。性別によって果たす役割がどう違うために、養育者の性別が問題になるのか。長年ジェンダー平等を追求してきたにもかかわらず、払拭《ふっしょく》されない性別役割分業意識を振り返る。また、家族の社会経済的地位による不平等に関しては、第6章で論じることにする。

「夢」の家族

1992年にノーベル経済学賞を受賞したゲーリー・ベッカーは、『家族の経済学（A Treatise on the Family）』の中で、分業することで家庭内の効用が高まると主張した。[3] 家族の構成員が賃労働と家事労働を分担し、それぞれに特化すれば、家族全体にとってより利益になるということだ。では、どのように役割を分担すればいいのだろうか？　家族会議を開いて決めればいいのか？　これがくだらない冗談のように聞こえるなら、すでに現実では、おおよそ役割分担が決まっているということだ。つまり、性別を基準にした役割分担だ。父親が家長として外に出てお金を稼ぎ、母親は専業主婦として家で子どもの世話をするという古い固定観念、いわゆる「男性稼ぎ主モデル」である。

たしかに、この男性稼ぎ主モデルはあまりに遠い昔話のようにも感じられる。２０２１年に行われた両性平等に関する実態調査で、「家族の生計は主に男性が責任を負うべき」と考えるかどうかを尋ねたところ、29・9％が同意した。２０１６年までは同じ質問項目に「同意する」と答えた人が42・1％だったことを考えると、格段に減った数値だ。しかし男女差がある。女性の24・1％に対して、男性は35・7％が同意した。19〜29歳の回答者に限って見ると、女性9・6％、男性17・5％で2倍近く男性のほうが多い。[4] 稼ぎ手としての責任や負担の重さを考えれば、男性のほうが同意する人が少ないかと思いきや、そうでもないのは意外だ。「有能な家長」というロマン、あるいはプレッシャーが、いまだに男性の意識に強く残っているためではないだろうか。

ところが、「有能な家長」として家族を養うことは、それがロマンであれプレッシャーであれ、願っても簡単に実現できるものではない。男性にとって素朴な夢のようなこのロマンを実現できなかったら、男性は自分を無能だと責め、失意におちいるかもしれない。しかし冷静に考えてみれば、それはかなり非現実的な「夢」であることに気づくだろう。後述するが、このような夢を社会が制度的かつ構造的に選択するということは、単なる一個人の夢とは別次元の問題だ。

社会が性別による役割分担を支配的イデオロギーとして選択すれば、負の連鎖が起こる。もう一度考えてみよう。性別役割分業が可能になるためには、一家の稼ぎ手は男性一人でなければならない。そのため社会は男性を優先して雇用する。このような社会では、女性はまともな仕事に就くことが難しく、やむをえず男性に依存しなければならない。したがって、性別役割分業がある種の「理念」として定着した社会では、結婚は（とくに女性にとって）生存のための重要な条件となる。しかも、一生のあいだ既婚状態を維持しなければならない。一方、男性に与えられた課題も大きい。男性は一家を養うだけの経済力を持たなければならない。問題は、このような期待の実現可能性である。

まず、平均的な結婚期間について考えてみよう。2013年に韓国統計庁が発表した婚姻状態生命表によると、2010年生まれの人が一生のあいだに1度でも結婚する確率は、女性84・9％、男性79・1％と推定される。およそ6人に1人は生涯を非婚のまま終えるという意味だ。結婚したとしても、10人中2〜3人は離婚し、そのうち半分をやや超える人が再婚をする。離婚しなくても、女性の61・7％、男性の17・3％は配偶者が先に死亡して単身になる。

平均的に、生涯のあいだで配偶者と一緒にいる期間は女性33・9年、男性32・7年と推定されるので、人生のほぼ半分は配偶者なしで生活できるよう準備しなければならない[5]。

現代でいう「一生」の意味が、昔とは変わったことも忘れてはいけない。1955年生まれの人の出生当時、韓国人の平均余命〔その年齢の人が生存する年数の期待値〕は49・1歳に過ぎなかった。ところが、1975年生まれの人は64・6歳、1995年生まれの人は73・9歳、2025年生まれの人は84・4歳で、70年前に比べて1・7倍も増加した[6]。よく結婚は百年佳約〔夫婦が一生ともに生きようという約束。慣用句としてよく使われる〕と言うが、実際に百年にわたる長い期間、結婚を維持することは難しい。その期間に発生しうる不確定要素があまりにも多すぎるのだ。

たとえば、予期せぬ事故や病気により、夫婦のどちらかが死亡する場合がある。いつでも、誰にでも起こりうることだ。問題は、性別役割分業意識が支配的な社会では、家長に不幸があれば残りの家族構成員の生存をも脅かすということだ。離婚した、あるいは最初から結婚していない人にも「当然」問題が生じる。何より女性の生計が苦しくなる。第3章でふれたように、非婚の母は、自分の無能さや不道徳のためではなく、この社会が家族内に成人男性がいなくても問題なく暮らせるよう設計されていないために、社会経済的に脆弱な立場に置かれる。

それでは、男性一人の収入で家族全体の生計を支えることは可能だろうか？ 19世紀の英国では、男性の賃金水準が家族全体を養うのに十分であるべきという考えから「家族賃金」の概念が成立した。しかし、当時も多くの男性が家族賃金を得てはいなかった。ある研究で、1911年の国勢調査資料から推定した結果によれば、夫の稼ぎだけで家族を養うに足る賃金を得ている労働者家族は41％に過ぎず、実際にはほとんどの場合、妻や子どもたちの経済的寄与が必要だった。[7]韓国の伝統だと多くの人が思い込んでいる男性中心の大家族も、支配階級である両班《ヤンバン》が追求した家族像に過ぎない。たとえば賤民階級に属する奴婢《ぬひ》は、所有主である両班の必要に応じて家族がばらばらにされ、実際には単身で生活することが多かったという。[8]

近代に入り、韓国でも「有能な家長」とセットになって「専業主婦」という理想が登場した。チャン・ギョンソプによれば、それは「家族文化の貴族化」を追求した結果であった。[9]つまり、本来は誰もが享受できる家族モデルではなかったという意味である。実際、現実の一般家庭のほとんどは、理想的な性別役割分業からはほど遠かった。チェ・ソンヨンとチャン・ギョンソプは、1932年から61年までに生まれた男性とその配偶者の、生涯にわたる労働経験を追跡した。研究の結果、結婚当時に就職していた男性のうち、45歳まで同じ職業的地位を維持したのは約40％にとどまり、多くの場合は不安定な「縁辺労働」に移動した。夫の職が不安定になることで、家庭内の性別役割分業を持続できず、妻の就職が増加する傾向がみられた。[10]

1997年のアジア通貨危機によって家長の大量失業を経験した韓国社会は、男性一人の稼ぎで家族全員が生計を維持するモデルのリスクを実感した。このような危機は、韓国社会が性別役割分業意識を断ち切るきっかけになるはずだった。しかし国家は、家長の「元気づけ」に取り組む一方で、性別役割分業意識を死守した。[11]「お父さん、がんばって」〔アジア通貨危機当時の大ヒット曲。子どもが父親にエールを送る内容で、大手企業のCMに採用され有名になった〕という童謡が中年男性を励ましているあいだに、多くの女性たちは「一家の大黒柱」である家長に代わって、仕事を失ったり非正規職など不安定な職業に移ることになった。同時期には若者の失業も目立った。[12]経済危機の衝撃は、社会経済的基盤がもっとも脆弱な人々に向かい、性別役割分業意識が根強い社会構造は、かれらの生存をさらに難しくした。

結局、性別役割分業が家庭内の効率を高めるという考えは、現実的には一部の人々にしか該当しない。男性が高所得であり、女性はその男性と一生結婚を維持しなければならないという、非常に厳しい条件をクリアしてはじめて可能なのだ。この条件を満たせない多くの人々にとって、性別役割分業は叶わない夢であるだけでなく、そもそも実現不可能な目標を口実に、人生の基盤形成をより困難にする設計図に過ぎない。

実際、効率だけを考えるなら、かならずしも性別で役割を分担する必要はないはずだ。家族の構成員がそれぞれの基準で役割を決めて調整することもできる。むしろ気になるのは、このように現実との乖離がある家族モデルを、社会が長年にわたって唯一の正解であるかのように維持してきた理由である。第1章でふれたように、人類の歴史の中で、男性を中心に家族が形成されてきた理由についての明確な説明はない。しかし後述するように、そのような性別役割分業の構造を維持するために、社会が意図的に努力してきたという点は明らかである。

女性教育のアイロニー

2007年11月、韓国銀行は、5万ウォン札に描かれる人物に申師任堂《シンサイムダン》を選定したと発表した。新紙幣が本格的に発行される約1年半前のことだった。韓国銀行が発表した当時の報道資料によると、申師任堂は「朝鮮中期の代表的な女流芸術家」であり、「賢い妻としての役目を果たし「英才教育にずば抜けた成果」を残した人物だ。資料は冒頭で、申師任堂を「草虫図」などの作品を残した芸術家として高く評価し、続いて妻として夫の「立身出世を支えた」ことを称え、最後に母親として「科挙試験で9回も一等」を得た息子の栗谷李珥《ユルゴクイイ》（朝鮮時代の儒学者。5千ウォン札の肖像になっている）を育てた成果を紹介する内容だった。[13]

現行の紙幣に印刷される人物としては、はじめて女性が選ばれたのはめでたいことだった。しかし反発の声が上がった。韓国銀行の報道資料にも無意識にあらわれているように、韓国社会で申師任堂が象徴するのは、何よりも栗谷という大学者を育て、子どもの教育を成功させた理想的な母親像だった。女性団体は、「良妻賢母」を象徴する申師任堂を紙幣の肖像に選定することに反対した。[14] 代案として、独立運動家である柳寛順《ユグァンスン》のほうがいいとの声もあったが、結局受け入れられなかった。

韓服を着て髪を結い上げた、あの有名な申師任堂の肖像画のせいか、良妻賢母はまるで韓国の伝統的な女性像のように思われている。ところが、第1章で見たように、伝統的な儒教の家族秩序における女性の主な役割とは「一家の嫁」だった。母親の役割は、跡を継がせるための「息子を産むこと」に集約され、息子を産むことは一族を継承する「孝」の一環だった。[15] 女性の人生は、一生のあいだ父親、夫、息子に従う「三従の道」を守ることだったので、子どもの教育に力を入れる良妻賢母とは大きく乖離している。では、どうして良妻賢母を伝統的な女性像とみなすようになったのだろうか？

申師任堂（1504─1551年）が生きた朝鮮中期は、儒教を基盤とする家父長制が完全に定着する前ではあるが、女性の活躍には制約があった時期だった。そんな時代に申師任堂は、江陵の実家で生活しながら絵画を描き、女性としてはめずらしく、画家の申氏として世間に知られていた。申師任堂が「母親」と表象されたのは17〜18世紀になってから、息子である栗谷の信奉者たちによって始められた。かれらは栗谷を崇拝するための作業のなかで、その根源を申師任堂の母性に求め、その結果、申師任堂は画家よりも母親としての功績が強調されることになった。[16]

その後20世紀初頭から、日本による植民地時代に良妻賢母の理念が広がり、ふたたび申師任堂が登場した。現代の歴史学者たちは、「良妻賢母」は近代化が進むなかで日本の思想が韓国にも受け入れられたものだと明らかにしている。当時の社会では、良妻賢母という女性像の歴史的正統性を見いだすために、それにふさわしい女性を発掘し讃える作業が行われ、その過程で申師任堂がしだいに重要な人物に位置づけられたと説明する。[17]つまり、良妻賢母は近代に入って新しく登場した女性像であり、申師任堂はその当時の価値観に適合したために高く評価されたというのだ。

「近代」と「良妻賢母」だなんて、二つの言葉はまったくそぐわないようにも思える。ところが当時の人々は、良妻賢母という女性像を通じて、女性も男性と同等に教育を受けなければならないと主張し、男女平等という近代の重要な価値を掲げるようになった。この奇妙なつながりを、1896年5月12日付の『独立新聞』〔同年に創刊した韓国初の民間新聞。民族主義、民主主義、自主独立、近代化思想を強調した〕の社説を通じて見てみよう。

男の子たちは、大人になったら官人、学士、商人、農民になり、女の子は大人になって彼らの妻になるはずだから、その妻が夫と同様に学識が高く知識があれば家庭が円満になるに違いないし、またその妻たちが子どもを産めば、子育ての仕方や子どもを教える方法がわかるはずだから、子どもたちも充実した生活を送るはず(…)つまり、女性の職務は男性の職務と比較して劣ってはおらず、国の次なる世代を培うすべての権限が女性にある。そのため、女性たちを男性よりも下だと見て蔑視してはならないし、教育を受けることも男性と区分してはならないのである。[18]

わかりやすく言うと、女性は成長して妻になり、子どもを産んで「国の次なる世代を培《つちか》う」のであり、この職務は男性のそれと同じくらい重要なので、女性も男性と同じように教育を受けなければならない、ということだ。さらに簡単に言えば、女性が「良き母親」になるためには相応の教育を受けなければならないという主張だ。「良妻」と「賢母」のうち「賢母」の側が強調され、この時期の子育ては国家的な意味を持つことになったのである。

そのため当時、女性教育の必要性を主張していた多くの人々の関心は、女性の平等そのものよりも「国民の養成」にあった。この点では、朝鮮の知識人たちと日帝の関心が一致した。朝鮮の知識人たちは、良き母親を通じて国民を育て、文明化された強い国家を建設するために女性教育を主張した。日本帝国も、良妻賢母を文明化された時代の女性像として掲げ、植民地における同化政策の一環として制度的な女性教育を活用した。ホン・ヤンヒによれば「良妻賢母は、植民地主義と民族主義の相互作用を通じて作られた派生物[19]」だった。

女性教育の目的が何であれ、女性が公教育を受けることになったという事実は、近代に入って起きた画期的な変化だった。過去の儒教社会での女性教育は、女性の徳義、すなわち「婦徳」を養うことと、家事の技術、糸つむぎや裁縫などを学ぶ程度であった。文字教育はほとんど行われず、申師任堂のような士大夫〔高麗・朝鮮の文官の総称〕家門の女性だけが文章を読むことができたという。[20] 伝統的な私立学校といえる書堂《ソダン》〔朝鮮時代に初等教育を担った学問施設。日本の寺子屋に近い〕は生徒のほとんどが男子であり、近代的教育機関ができた後にようやく、書堂でも女性が学ぶ機会を与えられた。[21]

近代的女学校のはじまりは１８８６年、スクラントン宣教師が生徒数一人で開校した梨花学堂（現在の梨花女子高校・梨花女子大学の前身）だった。その後、１８８７年に貞洞女学堂（現在の貞信女子中・高等学校）、１８９５年に釜山鎮日新女学校（現在の東莱女子中・高等学校）、１８９８年に培花学堂（現在の培花女子中・高等学校）などキリスト教系の私立女学校が設立された。１９０８年には「高等女学校令」が公布され官立女学校が開校した。その後、日本による植民地時代を経て、女子生徒の数は増えた。ただ、女学校の教育課程には家事や裁縫など、良妻賢母の育成をねらいとしたものが含まれていた。[22]

良妻賢母教育は、１９７０年代の維新体制〔朴正熙《パクチョンヒ》大統領が非常措置で憲法の一部条項を無力化して成立した独裁体制〕でとくに強調された。朴正熙政権は「忠孝」の精神を強調し、親の恩に報いるように国家の恩に報い、親に仕えるように大統領に仕えるべきだという論理を立てた。クォン・オホンの分析によると、「すべての社会関係を家族的関係に転換」させることで、国家の権威に服従する個人を育てようという意図だった。[23] ここでも「良妻賢母」は国家のための女性像だった。女性を良妻賢母として育成することは、「愛国・民族愛に徹した民族復興の働き手」を世に送り出すために重要なことだった。[24]

良妻賢母の象徴的な存在である申師任堂は、維新体制で積極的に利用された。朴正熙政権期の1970年から申師任堂の銅像が建てられ、1975年には烏竹軒〔朝鮮中期の木造建築遺跡で、申師任堂と息子の栗谷李珥の家とされる〕整備事業が行われ、77年には江原道《カンウォンド》・注文津《チュムンジン》に師任堂教育院が開院した。[25] 江原道は、1975年に始まった申師任堂賞を毎年授与していて、2023年現在で第49回を迎える。この賞を定めた「江原特別自治道申師任堂賞条例」によると、授与対象は「おおらかで婦徳を備えた立派な母親として地域社会の発展と郷土文化の拡散に大きく貢献し、すべての女性のお手本になった人」だ。[26]

良妻賢母教育は民主化の実現以降も続いた。つい最近まで、女子校に「良妻賢母のゆりかご」というスローガンが掲げられ、「優しい娘、おおらかな母親」「婦徳を高めよう」「女性の真の姿をめざす」などの校訓が残っている学校もあると報告されている。[27] これを変えようとする動きもある。釜山《プサン》のある中学校では、生徒たちが全校生徒で討論会や投票を行い、校訓を修正した。

1977年の開校当時に制定された校訓は「賢く節約上手な真の女性」だったが、2019年に「節約上手な真の女性」という文言を「賢く思いやりのある真の人」に改正したという。[28]

こうした良妻賢母教育の歴史を、どう評価すべきだろうか。「良妻賢母」という女性像は、女性に教育の機会を開いてくれた。しかし、完全に性別役割分業意識に基づく教育目標であり、女性の役割を家の中に限定した。一見、平等を追求しているようだが、女性の居場所を家族に限定する教育であるため、最初から矛盾をかかえていた。そのせいか、人々は長いあいだ、女性が大学に通うくらい世の中は平等になったと信じながら、同時に彼女らが、大学の学位記を得て良い夫に嫁ぐことを理想的な人生だと言ってきた。その矛盾に気づかないほど、慣れ親しんだ当たり前の考え方だったのだ。

もしも、女性教育のはじまりが「良妻賢母の育成」ではなく、性別を超えた「人の平等」そのものを目的にしていたらどうだっただろうか？　時間を巻き戻して、125年前の1898年9月1日、李召史・金召史〔「召史」は既婚女性を呼ぶ敬称〕の名で発表された「女権通文」の一部を見てみよう。これは当時、民間により設立された女学校の志願者を募集する文だったが、女性教育の必要性を主張する理由は、先に見た『独立新聞』の社説とは違っていた。

> 身体・手足・耳目が男性と変わらない一人の人間なのに、どうして深閨に閉じこもって飯

を炊き酒を造るのか（…）私たちも昔の風習を捨て、新しいものに従って他国のように女学校を設立し、それぞれの女児を通わせ、様々な技術を学び、今後女性の君子になれるように女学校を設立するので[29]（…）

女性は「男性と変わらない一人の人間」だと言っている。教育の目的は、良妻賢母の育成ではなく「様々な技術を学び、女性の君子に」なることだと宣言する。これは女性の平等権を明らかにした、韓国初の女性の人権宣言である。この宣言文を記念するために、2019年に改正された両性平等基本法は、毎年9月1日を「女権通文の日」に指定した。もしも120年あまりのあいだに、女権通文の精神で教育が行われたならば、私たちが生きている社会はいまの姿とは違っただろうか。

同性カップルが開く世界

「良妻賢母」というマントラをきっかけに開かれはじめた教育の機会は、いまや女性に対して完全に開かれているようだ。女子学生が高校卒業後すぐに大学に進学する比率は、2009年度以降に男子学生を上回り、2012年度以降はその差が5〜7%に達するという。男子学生の場合、浪人率が女子より高い傾向があることを考慮して、この数値をもう少し立体的に理解する必要があるとはいえ、少なくとも「女性だから大学に行けない」というのは昔話になっているようだ。[30]では、このような「同等な」教育の機会そのものが、社会の全般的なジェンダー平等を意味すると言えるだろうか？

メディアを通じて発表される指標の国際比較を見ると、韓国における女性の教育機会の増加が女性の経済的・政治的活動につながらないという、数値と現実の食い違いがはっきり見えてくる。国連開発計画（UNDP）が発表するジェンダー不平等指数（Gender Inequality Index）を見ると、2021年の韓国の総合順位は15位と比較的高かったが、女性の経済活動参加率だけを見ると53・4％（男性は72・4％）で83位、国会議員に占める女性議員の割合は19％で127位だった。[31]世界経済フォーラム（WEF）が発表するジェンダーギャップ指数（Gender Gap Index）には、男女の経済的・政治的格差がより大きく反映されるため、韓国の順位はさらに低く集計される。よって2022年基準で世界99位だった。[32]

経済的格差は、賃金の格差によりはっきりあらわれる。OECDが発表する男女間賃金格差（Gender Wage Gap）で、韓国は1996年のOECD加盟以来、27年間連続で1位を記録している。しかも、1位の名にふさわしく、賃金格差の水準もずば抜けている。最近のOECD資料によると、加盟44か国のうちベルギー、コロンビア、ノルウェーなど5か国の男女間賃金格差は5％

未満である。続いてアルゼンチン、スウェーデン、ニュージーランドなど16か国が10％未満、フランス、メキシコ、米国など18か国が10％台、そして日本やイスラエルなど韓国を除いた残り4か国が20％台前半だった。それに対して韓国の男女間賃金格差は31・2％だった[33]（2022年基準）。

韓国の男女間賃金格差が大きい原因としては、結婚・出産・育児などによる女性の経歴断絶（キャリアの中断）が主に指摘されてきた。統計的に見れば、女性の就業率は20代後半にはOECD平均よりも高いが、30代にキャリア断絶で急激に下落し、40代に上昇する「M字カーブ」を描く。そのうえ、女性の仕事は男性よりも非正規雇用と低賃金労働が多い。2021年基準で女性労働者のうち非正規雇用の割合は50％に近く（女性47・4％、男性31・0％）、低賃金労働者が占める割合も高かった（女性22・1％、男性11・1％）。女性比率が高い職業のほうが労働価値を低く評価されることもあり、同一労働であるにもかかわらず説明のつかない差別が存在するなど、男女間の賃金格差を広げる要因は多層的だ[34]。

このような現実に対して、教育は男女平等なのに、労働市場の格差だけが問題だと言ってもいいのだろうか？　女性の教育水準が高くなれば、雇用の平等も自然に実現されそうだが、そこには乗り越えられない限界がある。前述したように、学校の側は平等な教育を行っていると信じながら、長いあいだ性別役割分業を念頭に置いた教育を行ってきた。しかし、社会が性別役割分業意識を維持したまま、雇用の不平等だけを解決しようとしても問題が起こる。女性に家事を押しつけると同時に、有償労働まで期待する雰囲気のなかで、女性たちは二重の負担に苦しむことになる。このような二重の負担に耐えられないとき、女性はどんな選択をするだろうか？

メアリー・ブリントンとイ・ドンジュは、韓国のように、伝統的な性別役割分業意識を堅持しながら、同時に女性の労働参加にも受容的な国で、出生率がとくに低いという事実を観察した。社会における女性の活躍自体が出生率を下げるのではなく、働く女性にも依然として家事を押しつけ、過度な負担を強いる社会で出生率が低くなるという、しごく「常識的な」結論だ。[35]このような現象は、両性の平等に向かう過程で経験される過渡期の痛みのようなものかもしれない。ブルーノ・アルピーノらは、27か国の統計データを通じてジェンダー平等に対する態度と出生率の関係を分析したが、各国が伝統的な性別役割分業から脱却する初期に、合計特殊出生率が下がる現象を観察した。しかし、その後は社会に平等意識が定着し、合計特殊出生率が回復してU字カーブに変化した。[36]

今後、韓国も性別役割分業意識から完全に抜け出し、出生率が回復することになるのだろうか？　いまのところ楽観的な予想は難しい。2021年に行われた両性の平等に関する実態調査を見れば、家事・育児は「全面的に、または主に」妻が担当していると答えた人が68・9％

で圧倒的だった。共働き夫婦でも60％以上が「全面的に、または主に」妻が家事・育児をしていると答えた。同時に、「女性は自立のために職業を持つべきである」と答えたのは男性84・7％、女性89・2％だった。[37]女性の経済活動を当然視しながら、同時に、依然として性別役割分業意識にこだわる二律背反が存在する。こうした矛盾の中で、雇用の不平等は続き、女性にとっては仕事と家庭のどちらにおいても生活を不安定にしている。

この脆弱かつ矛盾した性別役割分業の世界に同性カップルが登場することは、伝統的な性別役割から外れた世界を考えることを私たちにうながす。ここで疑問が生まれる。同性カップルも、有償労働と家事労働を家庭内で分業するのだろうか？　2001年から同性カップルの結婚と養子縁組が合法化されたオランダの事例を見てみよう。エヴァ・ヤスパーズとエレン・フェルバカルは、1994年から2007年にオランダ統計庁が収集した労働調査資料で、異性カップル、レズビアンカップル、ゲイカップルを比較分析した。[38]カップル関係である二人の労働時間を比較して、「完全分業」を0点、「完全均等」を1点として数値化した。結果は、異性カップル（0・41）がもっとも分業の傾向があった。それに比べ、レズビアンカップル（0・67）の有償労働時間はより均等で、ゲイカップル（0・72）の場合はもっとも均等だった。

ただし、子どもがいると同性カップルも分業する傾向が見られた。しかし不平等の程度は違っていた。法律婚して子どものいるカップルに限って見ると、レズビアンカップル（0・59）の有償労働時間がもっとも均等だった。次がゲイカップル（0・44）で、異性カップル（0・33）がもっとも不平等だった。興味深いことに、異性カップルは、子どもがいなくても、同居（事実婚）より結婚（法律婚）した状態のほうが分業する傾向が強かった。ゲイカップルとレズビアンカップルは、子どもがいなければ、同居と結婚のいずれでも差が少ないか、ほぼ差がない水準だった。結婚と性別役割分業を自動的に結びつける古い観念が、異性カップルにより強く残っていることを示唆する研究結果だった。

同性カップルが登場するこのような研究は、間違いなく同じ時代の話なのに、韓国ではまだ非現実的な話に聞こえる。韓国社会はいまも、人々に異性との結婚をうながし、性別によって役割分業する「完璧な」世界を夢見ているように見える。しかし、性別役割分業という固定観念にとらわれつつ、誰もが幸せに暮らせることを願うほうが、ずっと非現実的な夢ではないだろうか？「夢」から早く覚めて、不合理だらけの現在の世界から抜け出したほうがいいのではないだろうか。同性カップルの登場は、だからこそ、家族の衰退ではなくチャンスなのかもしれない。とはいえ、性別で役割を固定する家族の脚本は、次章で見るように、思った以上に深く強固に、性教育の名のもとで伝授されている。

5章　家族の脚本を学ぶための性教育

「性」という恐怖

1933年8月27日、ある新聞で「13歳の母親」のエピソードが報じられた。平壌《ピョンヤン》のある巡査が、自分が下宿していた旅館の娘に読み書きを教えるとの名目で「貞操を蹂躙」し、幼い少女が出産することになったという事件だった。巡査はこのことで懲戒免職になった。ある教育家は、新聞のインタビューに「警察界の不祥事」と嘆いた。ところが、その次におかしな言葉が続く。「この事件は、娘を持つ親や学校への良い警告になると思います」

どうやら当時の人々は、本当にこの事件を「娘を持つ親や学校への警告」として受け入れたようだ。3日後の1933年8月30日付『東亜日報』には、「退敗した最近の風潮と『性教育』必要論の台頭」という見出しの記事が報じられた。京城府（現在のソウル）内の19校の女子中等学校の校長と訓育主任が会議を招集し、性教育の必要性を論じたという内容だ。会議の議題は「女子生徒の訓育に関する協議会」だった。この日の会議内容に関して、記事では次のように報告する。

従来、学校では性に関する裏教育にまで手を出していなかったが、事態によって性教育を必要とせざるを得なくなり、最悪の場合、13歳の少女が赤ん坊の母親になるなど性的遊戯と節操の乱れによって個人は滅び行き、社会の風紀は乱れることが繰り返されるため、これに対する対策を講じるのが今回の会議の目標である。[2]

ここで、13歳の少女の出産は「性的遊戯と節操の乱れ」の例として挙げられている。また、これは「個人は滅び行き、社会の風紀は乱れる」兆候だとし、性教育を必要な対策として挙げている。この日招集された校長と訓育主任はいずれも女子中等学校の職員であり、この場で語られた性教育の必要性は女子生徒にだけ集中するものだった。現代の目線で見ると、明らかに警察官による小児性犯罪なのに、13歳の少女の事件は突然、女子生徒を対象とする「性教育」の必要性を認識するきっかけとなったのである。かれらはいったい何を「性教育」だと考えたのだろうか？

数日後の1933年9月2日付『朝鮮日報』は、「どうすれば女子生徒の貞操を守れるのか」という見出しで各界の著名人のインタビュー記事を掲載した。朝鮮職業婦人協会のチェ・ファルランは、そこで次のように語る。「学校では性教育をさせて（女子生徒に）自分の貞操が命と同じく重大なものだと教え（…）自らが恐怖心を抱くようになって、女の重大な貞操を守るようにしなければなりません」[3]。ある医学博士は、最近の女子生徒が「第二の命ともいえる貞操を誰にでも捧げてしまう」のは「学校で性教育が不足しているため」だと主張する。家庭でも女子生徒の行動を厳しく管理すべきだと強調したこのインタビュー記事のタイトルは「常に身を慎むべし」だった[4]。

女子商業学校のイ・ヨンギュ校長は、家庭でのさらなる締め付けを強調し、親に向けて次のように説いた[5]。娘の友達がどんな者か察し、少しでも正しくなければ交際をやめさせ、娘が読む本を調べて良からぬ本は禁じ、服装は華美でない地味なものを着させ、小遣いはわずかに与え、外出を制限し、何の用で出るのかを明確に知ったうえで外出させよ。そして、性について家庭で教育せよとも述べている。性教育が学校と家庭のどちらの責任かについては多少見解が食い違ってはいるが、共通してかれらが考える性教育とは、女性の「貞操」を守るために「女性」の行動を「取り締まる」、一種の「訓育」だったと思われる。

あなたが覚えている性教育とはどんなものだろうか。女性の「貞操」を云々することはいつからかなくなったが、青少年の性行動を非常に危険なものとする懸念は相変わらず続いた。先に引いた90年前の記事のように、青少年が性的な「純潔」を失ったときに訪れる不幸への恐怖は、常に周囲に存在したのではないだろうか。一般的に教育とは、学生が知識を学び、興味を持ち、探求できるように手助けする過程のはずだ。しかし性教育だけは、性に関する恐怖を与え、好奇心を持たせまいとしてきた。性的な成熟や性意識の発達が旺盛な時期なのに、性については「ピュア」な少年少女を作るという難しい課題を性教育は引き受けてきた。けれども、性をめぐるお馴染みの恐怖は、実際には何を守るためのものか、考えたことはあるだろうか？

家族イデオロギーを守り抜くこと

実際のところ、解放以降の韓国における性教育は、女子生徒を対象とした「純潔教育」につながる。１９６８年７月、当時の文教部〔現在の教育部。日本の文部科学省に相当〕は、中学・高等学校で性教育を実施すると発表した。[6] そのために「純潔教育の指針」をまとめ、９月から女子中学・高等学校で実施すると発表した。男子中学・高等学校では翌年から徐々に実施する予定だとした。ここでいう純潔教育の目的とは、「誤った性観念を正し、歪みのない家庭生活を将来営むために、あらかじめ手を打つ」ものと理解された。[7] 性的な成熟や性意識の発達に関する科学的知識を伝えることも必要とされたが、何よりも「異性婚の前まで『純潔』を維持[8]」するように自己抑制をうながす道徳教育として性教育を追求することに目的があった。

「純潔教育」の核心は、性道徳を家族倫理と結びつけることにある。純潔教育でいう「純潔」とは、一生を通じて性をタブー視するのではなく、結婚の枠内に限定させるという意味だ。このような観点の性教育にあまりにも慣れすぎていて、性教育とはもともとそういうものではないかと思うかもしれない。しかし、性を既存の家族制度の中に制限することは、性教育を構成する多様なアプローチの中のひとつに過ぎない。このような家族制度を中心とした性教育は、儒教の考え方にルーツを探ることもできるが、主にはプロテスタントの中で重要な教理として強調されてきた。

実際、宗教改革以前のキリスト教の教理は、その以降のそれとはずいぶん違っていた。中世のキリスト教は肉体の欲望を罪悪視したため、いまも昔も変わらずカトリック教会では、結婚せず禁欲することをもっとも崇高な人生だと考える。しかし、カトリック教会の修道士だった宗教改革の主唱者マルティン・ルターは、この独身禁欲生活を批判しはじめた。そして、男女間の性的欲望は自然なものであり、結婚の中における性は神聖なものだと宣言した[9]。プロテスタントの純潔教育は、皮肉にも、性に対するタブーを破る一方で、異性婚中心の性倫理を発達させながら登場したのだ。

性と結婚を強固に結びつける性教育は、米国でさかんに行われた。１９４０〜50年代を通じて性教育は、結婚前の純潔を守ることを前提に、結婚、育児、家族関係など「健やかな」家庭生活を教える方向で発展した。性に関するさまざまな「危険」を防ぐ最善の方法は「婚姻関係」にある男女だけが性的関係を持つことだと考えた。その後、60〜70年代には「性の革命」という風潮のもとで、禁欲よりも避妊教育の必要性が強調されはじめ、80年以降にはふたたび禁欲教育に賛成する声が大きくなるなど、性教育をめぐる論争が続いた。[10] このように米国では、プロテスタントの精神に基づいた純潔教育が、政治的な流れによって強化されたり弱化されたりしながらも、結婚制度から外れた性的関係は望ましくないという道徳観念が綿々と維持されてきた。

一方、スウェーデンは、早い段階から性教育を結婚と結びつけない観点を採用してきた。スウェーデンも、１９４４年に発刊された性教育のハンドブックでは、結婚前の男女が性的関係を持つことを非難する内容を盛り込んでいた。しかし、結婚したカップルだけに性関係を制限することはスウェーデンの現実に合わず、性教育を過度に宗教化・道徳化するものだという批判が高まった。そのためスウェーデン政府は１９５６年、世界ではじめて、すべての公立学校で性教育を義務づけた際に、結婚前の性的関係を直接的に非難する内容を削除した。青少年に禁欲を勧める内容は残っていたが、これも１９６４年版からは削除された。[11]

スウェーデンの性教育は、性についての罪悪感や羞恥心を解消することを目標にしている。性をめぐる緊張をなくしてはじめて、相手を完全に愛することができると考えたのだ。性は隠さなければならない危険なものではなく、人生におけるポジティブな要素だと捉えた。すべての個人にとって性は楽しいものであるべきだと考えた。一部の人は、性を結婚と結びつけないスウェーデンモデルについて、非道徳的で乱れているという。しかし、スウェーデンモデルで考える「道徳」は、かれらの考えるものとは違った。スウェーデンモデルは、結婚前の性的関係に非難の烙印を押さないこと、性行動を特定の枠組みに従わせるよう強要しないこと、性を個人の権利として保障することをより重視したのである。[12]

韓国政府も、スウェーデンモデルを紹介しようと試みたことがある。2019年、女性家族部〔女性・家族政策および少年・児童福祉などを担う中央行政機関〕は「私らしさ、子どもの本」という事業で、性教育のための図書134タイトルを選び、一部の小学校に配布した。その中には、1971年にデンマークで発刊された『赤ちゃんはどうやって生まれるの?』と、2001年にスウェーデンで発刊された『心惹かれるなら』という本が含まれていた。それぞれデンマーク文化省の児童図書賞とスウェーデンの児童文学賞「アストリッド・リンドグレーン賞」などを受賞した本で、性は恥ずかしいことではなく、愛は幸せで楽しいことであり、世の中には多様な愛と人生のスタイルがあることを教える内容を含んでいる。[13]

ところが、まさにそのような内容だったために、批判が沸き起こった。2020年8月25日に開かれた韓国国会の教育委員会で、ある国会議員が、これら2冊をはじめとする一部の選定図書に問題があると指摘した。『赤ちゃんはどうやって生まれるの？』は、からだと性行為を直接的に、また楽しいこととして描写しているため、児童が「早い時期に性愛化」されるおそれがあると主張した。『心惹かれるなら』は「同性愛を美化する」と指摘された。その理由として挙げられた記述は、「似たものどうしが愛しあうこともできるよ。たとえば、二人の男の人とか、二人の女の人どうしでね」というものだった。翌日、女性家族部はこれらの2冊を含む計7冊の本を、配布した小学校から回収した。[14]

韓国社会が性教育を必要ないと思っているわけではない。少なくとも90年以上、性教育の必要性が強調されつづけ、教育における重要な要素として位置づけられている。ただし、性教育が必要だと考える理由が、スウェーデンモデルのように性をめぐる罪悪感と羞恥心をなくし、個人の性の権利を保障するためではなかったようだ。性教育に関してくりかえされる言説を見れば、スウェーデンとは真逆に、性にまつわる罪悪感と羞恥心を植えつけることで、可能な限り性から距離を置かせようとする目的が大きかったと考えられる。

本章の冒頭で述べたように、20世紀初頭には、女性の「貞操」を守るという大義名分が重視された。そのため、1970年代には青少年の「逸脱」「風紀の乱れ」「私生児」など、「不純異性交遊」がもたらす「悲劇」を懸念して性教育の必要性が主張された。80年代にも、「性非行」や「シングルマザー問題」への対策として性教育の必要性が強調された。[15]性をめぐる恐怖が性教育を後押ししてきたのだ。むろん、すべての性教育がそうだったわけではない。60年代に政府の主導で始まった家族計画事業では、性を快楽の観点から理解する解放的な性教育も登場した。[16]しかし、あくまでも結婚した夫婦の計画的な出産を目的とした「家族計画」の中でのみ可能な議論だった。青少年に関しては、性を楽しく多様なものとして受け入れるアプローチは、公的な性教育においては採用されなかった。[17]

青少年が性行動をとることに対する恐怖が、結婚制度の中だけで性行為が行われるようにする目的から始まったものだとしたらどうだろうか？　第2章で議論したように、結婚という枠内で生まれた人のみを合法とみなす制度を通じて、社会は家父長制的秩序を構築した。また、第3章で見たように、社会は承認された家族秩序から外れた出産・出生に烙印を押すことで、家族制度の不合理性を改善する代わりに、烙印によって生じる不幸を個人のせいにした。それに加えて、「純潔教育」としての性教育は、結婚制度の外における性に対する恐怖を与えることで、決められた家族の脚本の呪縛から人々が抜け出せないようにした。

現在の性教育は、性別役割分業に幼いころから慣れさせることを通じて、家族の脚本を維持するための重要な基盤となっている。２０１５年に教育部が制作した「学校性教育標準案」には、男女差を強調する記述が数多く出てくる。初等学校低学年の教育課程では「生活の中での男女の違い」を扱い、中学校の課程では「性についての男女の認識の違い」を教える。高等学校の課程では「相手のジェンダー役割と機能を肯定的に見て褒める姿勢」を「性に対する正しい価値観」のひとつとして紹介している。男女の性反応の違いを記述した部分では、「男子は『ヌード』に、女子は『ムード』に弱い」という資料を引用している。[18]

男女の差を自然で固定不変なものと考えるジェンダー本質主義の観点が、教育という名のもとで再生産されつづけている。私たちは誰もがこの地球上に平等な存在として生まれたと一方では言いながら、「男は火星から、女は金星からやってきた」[19]と言われるほど、性別によって異なる運命のもとに生まれたという矛盾したメッセージに私たちは慣らされる。ジェンダー本質主義の観点で世間を見ると、男女の差が形成された社会的・歴史的な分脈が消えてしまう。代わりに、家父長制のために設計された性別役割を「もともとそうだったもの」あるいは「そうしなければならないもの」と受け入れることになる。そして、なぜ性別を理由に役割を割り当てられなければならないのか？　と問いかけることを忘れてしまう。

しばしば、性教育には効果がないと批判される。性教育の目標を、性行動において自分と他人を尊重するための、責任ある決定を下すことができる力を育てることだとするとなら、従来の威圧的な訓育はあまり役に立たなかったといえるだろう。しかし、従来の性教育には明らかな「効果」があった。仮に性教育の目標が、人々に性の権利の行使を禁じ、社会が定めた家族秩序に従うよう個人を圧迫することにあったとすれば、その意図はみごとに達成された。もしかしたら私たちは、「性教育」ではなく、家族理念を守り抜くための「家族イデオロギー教育」を受けてきたと言ったほうが正しいのかもしれない。

「家族の恥」

世代を超えてくりかえされる事実として、青少年は「純粋」ではない。2018年に韓国女性政策研究院が中学生を対象に実施した世論調査によると、49・2％に恋愛経験があり、はじめて恋人ができた年齢は平均11・6歳だった。恋愛相手が異性のケースは女子生徒86・7％、男子生徒94・2％で、同性のケースは女子生徒12・1％、男子生徒4・1％だった。恋愛経験のある者の67・1％がスキンシップを経験したが、その内容は手を握ることや軽いキスから性行為までさまざまである。回答者全体のうち26・1％は自分のジェンダーアイデンティティ（性自認）について、そして30・7％が性的指向について悩んだことがあると答えた[20]。

青少年の性行動に関しては、教育部と疾病管理庁が発表した「青少年における健康行動調査」で、もう少し詳しく調べることができる。2021年時点で中学・高等学校に在学中の青少年の5・4％、高校3年生だけ見れば10・7％（男子生徒13・5％、女子生徒7・6％）と、10人に1人が性行為を経験している。性行為を経験した青少年は、平均14・1歳で性関係を持ちはじめ、そのうち65・5％が避妊をしていた。そして、女子生徒の回答者のうち0・2％が妊娠を経験していた。[21] 同年基準で、中学・高等学校全体の女子生徒が127万8000人余りだったことを考えると、[22] 在学中の女子生徒の2500人余りが妊娠を経験したわけだ。ただし後述するように、妊娠を経験した女子生徒の多くは学校を離れていることを考慮する必要がある。

未成年者が妊娠した場合、どうなるのだろうか？　個人差はあるが、多くの青少年は妊娠の事実を親には隠しているようだ。イム・グモクとソ・ミアの研究で、インタビューに参加した少女たちは、両親に妊娠を伝えることに恐怖感を抱き、妊娠の事実を隠したと話す。「お母さんにどう説明すればいいか。知られたら殺されるかも」「お父さんに知られたら、私を殺すかもしれないと思って」怖かったと述べている。[23]

本当に親が子を殺すことはないだろうけれど、ひどく怒るか、家を追い出して連絡を絶ち、事実上「勘当」したように接する場合もある。親が中絶や養子縁組を勧めたり、強要したりすることも多い。[24] そのため、未成年者が妊娠し、しかも親の反対を押し切っても出産と育児をしたいと思うなら、親子の縁を切ることまで覚悟しなければならない。

しかし、少し不思議ではないだろうか。未成年での予期せぬ妊娠に、親の立場からすれば戸惑いや心配は当然あるとしても、子どもを非難して家を追い出すことは、どう説明できるだろうか？　それに、未成年者が出産し子育てすることを決めた場合、周囲のサポートが不可欠なのに、人生でもっとも親の助けが必要な瞬間に、子どもとの縁を切ってしまうのはなぜだろうか？

性的マイノリティの子どもの場合も同じような事情のもとにある。2014年に国家人権委員会が実施した「性的指向および性自認にともなう差別に関する実態調査」によれば、自分が性的マイノリティだという事実を、みずから母親に知らせた子どもは13・5%、父親に対しては4・5%にすぎなかった。[25]かれらが自分のアイデンティティを隠すのは、親との関係が変わるのを恐れてのことだった。性的マイノリティの子どもの中には、「あなたにどれだけ愛情とお金をかけたと思っているの？」「どうして親に恥をかかせるんだ」といった暴言を浴びせられ、両親との関係が深刻に悪化して家を離れるケースもある。[26]未成年者にとって、家を離れることは生存にかかわる問題になりうる。

もちろん、すべての家庭がそうなるわけではない。しかし、妊娠した未成年者や性的マイノリティのように、性的に「逸脱」したと社会から言われる青少年に向けて、一部の親が共通して見せる反応がある。期待が外れたときのような失望感と挫折感が入り混じり、激しくたかぶった感情をあらわにし、羞恥心と怒りが爆発してわが子に暴力を振るい、かれらを家から追い出す人もいる。子どもの立場からすると、このような「予想できる」危険を避けるために、できるだけ自分の状況を隠すのが賢い選択だと思うかもしれない。家族内の性規範は、このように「〔逸脱したことを〕言えないくらい」絶対的なものであり、逸脱の結果は未成年者には過酷すぎるものだ。このような家族の反応を、どう説明できるだろうか？

　性的な逸脱によって家族の威信を傷つけ、名誉を汚したとして暴力を振るう場合がある。このような暴力は、統計にあらわれにくいという限界はあるものの、アジア、アフリカ、アメリカ、ヨーロッパなど世界各地で報告されている。[27] 国連総会では、いわゆる「名誉」を守るという名目で加えられる暴力や犯罪行為を根絶するための国際的な努力をうながす決議文を3回にわたり採択した。[28] 韓国でも、「村の恥」と言いながら子どもに暴言を浴びせる場面に見覚えがあるなら、もはや他人事ではない。このような場面は、どのようなときに見られるのかを思い出してみよう。

　こうした「家族の恥」とは、主に女性が「女性らしく」振る舞えないこと、すなわち女性の性に関することである場合が多い。[29] たとえば服装が「上品できちんとして」いなかったり、「よその男」と会ったり、結婚せずに性関係を持つ場合などだ。そのため、家族の名誉を理由にした暴力の被害者は主に女性である。この際、直接の加害者は家族の誰かだが、そこには周囲の評判が重要な原因を提供する。いわゆる「世間」という、近隣の人々が他人の家を覗き、その家の女性の行動に関する噂を通じて家族に羞恥心を与え、それが家庭内の暴力につながるのだ。ここで不思議なのは、なぜ家族にとっての羞恥心が、よりによって女性の性と関連するのかだ。しかも、家族がみずから女性に暴力を振るうほど凄まじい水準であるのは、いったいなぜだろうか。

ジョアン・ペイトンは、家族共同体の存続と繁栄のためという大義名分のもとで、名誉を口実にした家族内の暴力が生まれる背景を説明する。[30] ここに男性の血統を受け継ぐ家族システムがあると仮定しよう。ある家族が他の家族と親族関係を形成するためには、結婚をしなければならない。このとき女性は、条件のよい他の家と親族関係を形成するための取引に使われる重要な資本になる。この「取引」において、女性の純潔は、結婚が可能であるという価値を担保する、一種の象徴資本として重要な機能を持つ。もし女性が純潔を失った場合や、性関係において抑制的に行動しない場合、結婚取引において不利になる。要するに、女性の性が家族全体の繁栄と衰退を左右するのである。

そのため家族全員が、女性の性をコントロールすることに関与する。女性は慎み深く純潔であるべきという堅苦しいジェンダー規範が家族の中に作られる。男性は、家族の名誉を守るために、女性の身体とセクシュアリティをコントロールする「保護者」の役割を担う。文字通り「名誉」が大事なのだから、噂の真偽の検証はさほど重要ではない。真実でなくても、噂になったという理由だけで女性の行動を問題視することができ、逆に真実であっても、噂の広がりを抑えることさえできれば、暴力を行使する必要がなくなることもある。[31]

虚しいことに、家族が暴力を振るってまで守ろうとした名誉とは、いわば「結婚可能性」だ。それだけ家族の運命が結婚にかかっていたという歴史的文脈を反映するものでもある。このような家族システムのもとでは、家族内の暴力が正当な行為として受け入れられたかもしれない。一家の名誉を汚す原因を提供した者に、順当な「処分」を下すものと考えられただろう。そうして、被害者と加害者の立場が入れ替わってしまう逆転現象が起きる。[32] ところが、さらに理解しがたい現象は、このような歴史的文脈が薄れた後の時代でも、感情と慣習は残るという点だ。女性の行動を非難し、女性の性を保護すると言いながらコントロールしようとするシステムは、時代を超えて受け継がれている。

今日でも女性は、服装、外出、恋愛など日常の広範囲な場面で家族の干渉を受ける。妊娠した娘を恥じて隠す家族を見れば、依然としてジェンダー規範が家族の名誉と緊密に関連していることがわかる。ジェンダー規範が厳しいと、女性の行動は簡単に「逸脱」または「乱れ」と規定され、このような規範は女性を社会的に脆弱な存在にする。このような社会で、男性の一部は女性の性を「保護」する先頭に立ち、また一部は、性的に非難されやすい女性の脆弱性を利用して性犯罪を犯す。これらは一見、相反するように見えるが、実は古い家族制度から生じたコインの両面のようなものでもある。

性的マイノリティに対する家族の激しい反応も、同じ観点から理解することができる。性的マイノリティは明らかに、性別役割規範と異性婚の堅固な基盤を揺さぶる存在だ。家族の立場から見れば、家族の秩序に逆らって一家の顔に泥を塗るわけだから、大きな恥とみなされる。男性中心の家族制度で、とくに男性が性的マイノリティということは、血統継承の可能性を閉ざしてしまう重大なリスクと位置づけられる。そのためか、女性よりも男性のあいだで、性的マイノリティに対して否定的な反応を示す人が多い傾向が見られる。前述した韓国女性政策研究院の調査では、自分が性的マイノリティだと自覚したとき、それを否定して隠す傾向は女子生徒より男子生徒のほうが強く、性的マイノリティの友人と距離を置く傾向も、女子生徒より男子生徒のほうがはるかに強かった[33]。

実際には、家族に向けて怒りをあらわにしながら、頭の中で「結婚可能性」や「取引」のことを計算している人などいないだろう。ただ、いままで無意識に当たり前と信じてきた伝統的な家族秩序から外れようとする瞬間、不安感に襲われることは否定できない。このような怒りと排斥は、家族制度からの逸脱を統制するための威力であり、究極的には家父長制を維持させる精巧な歯車なのだ。したがって、女性の教育と雇用の拡大を通じて、いずれ家父長制が消えると単純に期待するのは甘い考えではないだろうか。家父長制は、家族が家族の性に対して行使する統制と無慈悲な暴力をも糧にして生き延びているのだ。

風紀を守れ？

ジェンダー規範から「逸脱」した子どもを恥じるのは家族だけではない。学校も、校の名誉を傷つけたとして生徒に懲戒処分を行い、学校を追い出す。2021年、大田《テジョン》学生人権条例制定運動本部が、大田地域の中学・高等学校全150の学生生活にかかわる規定を調査して発表した。調査の結果、異性との交際を制限している学校は中学校で52・3%、公立高校67・6%、私立高校53・6%といずれも半数を超え、中には異性との交際によって「風紀を乱した」という理由で退学させる学校もあった[34]。生徒が妊娠すれば強制的に退学させられることもあるが、このような雰囲気なら、ほとんどの生徒がみずから学校を離れる道を選ぶとしても不思議ではない[35]。

この調査で注目したい言葉がある。ズバリ「風紀」だ。遠い昔に消えた死語のようなこの言葉が、いまだに多くの学校に残っている。国家人権委員会は2016年、全国の中学・高等学校を対象に校則を調べた。調査の結果、「不健全」で「望ましくない」異性との交際によって「風紀を乱し」、「社会的に物議」を醸したり「学校の名誉を毀損《きそん》」したりすれば懲戒の理由になるという内容の項目を数多く見つけた。たとえば次のような項目である。[36]

・男女間の風紀の乱れにより物議を醸した場合
・不健全な異性との交際により風紀を乱す生徒
・校内で異性と手をつなぎ風紀を乱す生徒
・不健全な異性との交際で社会的に物議を醸した生徒
・望ましくない行動で学校の名誉を傷つけた生徒

これらの規則では「異性との交際」と記しているが、だからといって「同性との交際」なら許すということでもないだろう。2014年に行われた「性的指向および性自認にともなう差別に関する実態調査」によれば、調査に参加した性的マイノリティの青少年の4・5%が、学校で生徒たちに〔学校内の〕同性愛者の名前を書いて提出させ、かれらの存在を「探し出す」、いわゆる「同性愛者検閲」を経験した。同性どうしでつきあったという理由で、または「女らしく・男らしくない」という理由で、生徒が罰点、停学、自主退学の勧告、退学などの懲戒を受けた事実も報告された。[37] 前述した校則に照らしてみれば、性的マイノリティだという事実だけで「風紀の乱れ」とみなされるのは予想がつく。

学校は恋愛以外にも、頭髪や服装などの身体の規律を正す。前述した大田の調査では、86・7％の中学・高等学校に、髪の長さやパーマ、毛染めなどを規制する校則や決まりがあった。女子生徒が制服のズボンをはく場合、校長の許可を必要とするとか、ストッキングの色や柄を規制する学校もあった。国家人権委員会の「学生人権実態調査」によれば、調査に参加した半数以上の中高生は、学校が髪の長さや髪型を規制していると答えた。また多くの生徒は、学校がスカートやズボンの長さや幅を制限し、学校内でメイクをしたり美容品や美容機器を持ち込んだりすることを禁止していると答えた。一部の学校はTシャツや靴下の色まで規制していることがわかった。[38]

これらはどれも、他人を害することでも犯罪でもない。懲戒処分の理由は「風紀」という道徳的規範を破ったからだ。『標準国語大辞典』によると、「風紀」とは「風俗や風習に対する紀律」で、「とくに男女間の交際についての節度」だという。ここで「風俗」とは「昔からその社会に伝わる日常生活の全般にわたるしきたりや習わしなどを指す言葉」であり、「風習」は「風俗と習慣を合わせた言葉」、「紀律」とは「道徳上の、多くの人にとって行為の標準になるような秩序」と定義される。大まかにまとめると、「昔から伝わるしきたりや習わしに基づく道徳的な標準秩序」が「風紀」だといえる。

そもそも、なぜ学校が「昔から伝わるしきたりや習わしに基づく道徳的な標準秩序」を守らなければならないのかも疑問であるが、守るべき秩序が、家族秩序を守るためのジェンダー規範と重なるのも不思議なところだ。異性であれ同性であれ、性的関係をともなう交際を控え、身だしなみを整えて行動を慎むという家族の倫理は、学校でも適用されることになる。生徒がこの規範に違反すれば、学校の威信が地に落ち名誉が傷つくという理屈も、そのために制裁を与えるという結論まで、そっくりだ。

実に不思議なことではないだろうか。学校は、生徒の結婚可能性や家族の威信とはまったく関係がない。学校は社会生活に必要な知識と技術を学び、個人の才能を発見して潜在能力を引き出し、共同体の中で他者とともに生きていく市民としての素養を体得させるべく生徒を教育する機関ではないのか。ではなぜ学校は、家族倫理を守ることに、あれほど積極的に介入するのだろうか？　もし学校が、家族秩序を維持する任務よりも、教育を受ける個人の権利を尊重しているのであれば、生徒が恋愛や妊娠をしたという理由だけで、教育の機会を奪ってしまうことはないだろう。学校は家族ではなく、あくまでも教育機関なのだから。

それなのに、多くの人々は、学校が生徒の性を管理する機関であるべきだと思い込んでいるようだ。生徒の権利を保障するための学生人権条例が各地方自治体で制定されるたびに、猛烈な反対運動が生じるが、そこでは主に「風紀の乱れを助長する」との理由が挙げられる。ここでいう風紀の乱れとは、主に同性愛と妊娠・出産を指す。一例として、2018年に開催された慶南《キョンナム》学生人権条例の制定のための公聴会では、「生徒のセックス・妊娠・出産なんてありえない」「性的関係、妊娠の権利、同性愛を擁護する風潮を助長し（…）児童・青少年の学級崩壊を助長」などといったスローガンが書かれたプラカードや垂れ幕が登場した。結局このような反対を受けて、学生人権条例の条例案は取り下げとなった[39]。

一方、子どもの人格教育を活発化するという趣旨の「人格教育振興法」は、国会で出席議員199人の全員一致による賛成により可決され、2015年から施行されている。世界初[40]というこの法は、「健全で正しい性格を備えた国民を育成し、社会の発展に尽くすこと」を目的としている。人格教育の目標である核心的価値と道徳は、「礼・孝・正直さ・責任感・尊重・配慮・コミュニケーション・協力などの心構えや人柄」だという。市民としての道徳だけでなく、儒教に基づく礼や孝も含まれる。この法により、幼稚園と小・中・高校では毎年、人格教育計画を立てて教育を行い、核心的価値・道徳を中心に教育課程を編成・運営しなければならないこととなった[41]。

ここで、子どもに「礼」と「孝」を教育するという意味を、たんに人と人とのあいだの礼儀を教え、親に対する尊敬の心を育てるという意味にとっていいのかは疑問だ。「人格」教育と名づけられた教育が、儒教に基づいた家族秩序を、まるで普遍的な道徳かのように思わせる効果があるという事実は看過できない。公教育の中で「忠」と「孝」を強調することで、国家権力に従う全体主義的な国民を育てようとした維新時代の歴史もある。ヒエラルキーと服従に基づいた家族イデオロギーを綿々とくりかえすことで、実現しようとする社会が果たしてどんなものなのかを、あらためて考えるべきではないだろうか。

学校は、憲法的価値であるジェンダー平等と教育権を強調しながらも、同時に、位階的な家父長制に基づいた家族制度を擁護する二重の役割を果たしてきた。前章で見てきたように、儒教的でありながら、一方ではキリスト教的でもある家族秩序として、性別二元制に基づく異性間の結婚と出産を神聖な義務とし、固定的な性別役割分業意識を従うべき道徳のように称揚する家族の脚本を教えてきた。そうして学校は、「風紀の乱れ」に関する校則を通じて性を統制する一方、性教育を通じて、定められた家族の脚本から外れた人生は身を滅ぼす結果になるという恐怖を植えつけることで、激動する民主化の歴史の中でも「伝統的な」家族制度を維持してきたのである。

ユネスコ（国連教育科学文化機関）は、性教育の国際標準として「包括的性教育（comprehensive sexuality education)」を推奨している。包括的性教育も、むろん「家族」を扱うが、多様な形態の家族が存在するという事実から出発する。従来の家族秩序に従えと強いる代わりに、「多様な恋愛、結婚、養育」のかたちが「社会、宗教、文化、法律によって形成」されるコンテクストを教える。固定された性別役割を無批判に受け入れるのではなく、性別役割とジェンダー規範がどのように社会的に構成されるのかを理解させる。[42]イデオロギーを注入するのではなく、生徒自身に批判的思考をうながすことを目的とした学術的アプローチである。もしも現在の学校で、このような性教育の実践が難しいなら、学校の目的とは何なのか、根本的な問いかけから考え直すべきなのかもしれない。

6章　不平等な家族の脚本

性別ではなく所得の問題なら？

第4章の冒頭で紹介した、二人の母親の話を思い出してみよう。1993年には米国マサチューセッツ州でまだ同性婚が認められていなかった。それでも裁判所は、ヘレンとスーザンがタミーを共同で養子縁組することを認めた。ヘレンとスーザンはいずれも専門職の医師で、相続する遺産もあるなど経済的に恵まれていた。二人は素敵な家で一緒にタミーを養育していたし、まわりには親切なご近所さんと仲間たちがいた。あなたが裁判官なら、二人の養子縁組に反対する理由を挙げられるだろうか。もし反対する理由が見つからないのであれば、おそらく性別は、子どもの養育者にとって核心的な資格ではないということを意味するだろう。

既存の家族モデルにおいて、養育者として性別の異なる二人が必要な理由はたしかにあった。

第4章でも述べたように、家族は長いあいだ性別による役割分業意識をもとにしていた。男性が賃労働によって家族の生計を支え、女性が家事労働を引き受けるという性別役割を前提にすれば、父親と母親が揃っていてこそ完璧な子育てができる。そこで、両者とも経済力がありながら家事労働まで一緒に担当する二人の母親の登場は、家族に関する根本的な疑問に私たちを向きあわせる。性別が核心でないのなら、家族を家族にするものとは果たして何なのか？

二人の母親のエピソードで性別が問題にならなかった重要な理由は、二人が子育てをしながら生計を維持するのに十分な稼得能力があったためだ。宗教的ないしロマンチックな修飾語を取り除いて機能的に言えば、家族とは「生計を維持し、家事や育児、介護を提供する単位」だ。だとしたら、家庭に男性が必要だということは、男性の役割、すなわち生計の維持について責任を負う人が必要だということであり、かならずしも生物学的な性としての男性の存在が必要というわけではないということである。家庭に女性が必要だというのも、家事に加えて育児や介護を担う、ダブルケアへの期待に過ぎないのかもしれない。

実際、複雑に言わなくても、結婚と出産が家族のすべてではないことを、私たちはよく知っている。結婚して出産をするだけで何の心配もなく家族団らんで暮らせる世の中だったなら、いまのように少子化問題による国家存続の危機が論じられることもなかっただろう。家族の経済力が人生を左右するために、結婚と出産が難しい課題になる。第5章で述べた、名誉を理由に家族が家族の一員に暴力を振るうことも、結局は一家の繁栄への願望に起因したものだった。家族が生存《サバイバル》の単位だとしたら、「条件」は重要な要素になる。

ここでひとつ、興味深い疑問がある。家族が経済的な生存単位だとするなら、異性のカップルよりも、男性どうしで家族を構成したほうが有利なのではないだろうか？　第４章で述べたように、韓国の男女間賃金格差は２０２２年にＯＥＣＤが作成した資料によると31・２％である。韓国統計庁は、男性の一般労働者の平均所得が３８９万ウォン（約43万５０００円）、女性の平均所得が２５６万ウォン（約28万６０００円、いずれも２０２４年２月レート）で、１・５倍の差があると発表した（２０２１年基準[1]）。この結果を踏まえて考えると、異性カップルだけでなく同性カップルも家族を構成できることになれば、性別構成によって経済格差が生じるのではないだろうか？

この疑問を解くために、あらかじめ考えるべきことがひとつある。どちらの性別かは措《お》いて、性的マイノリティであることのために賃金が低くなることはないだろうか？　マリーカ・クレイウィッターはこれに関して、１９９５年から２０１２年のあいだに発表された31の論文を分析した。欧州、北米、オーストラリアなどで収集されたデータを用いた論文である。研究によると、ゲイ（男性同性愛者）の収入は、異性愛者の男性よりも平均して11％少なかった。しかしレズビアン（女性同性愛者）は、異性愛者の女性より平均して９％高かった[2]。その後、２０１２

年から2020年のあいだに発表された24論文を分析したニック・ドライダキスの研究でも、同様のパターンが見られた[3]。要するに、ゲイは異性愛者の男性より賃金が低く、レズビアンは異性愛者の女性より賃金が高い傾向にあるということだ[4]。

それでは、かれらが結婚や同居などによって一緒に暮らしたなら、家族単位での所得差はどうなるのだろう? カナダ保健省は、毎年行っている健康調査の中で、性的指向と世帯所得を尋ねる項目を入れている。マリアム・ディルマガニは、2008年から2012年までに収集された健康調査のデータで、性的指向別の世帯所得を比較した。その結果、ゲイカップルの世帯所得がもっとも高く、次に異性愛者カップル、レズビアンカップルの順だった[5]。カナダの場合、2005年から同性婚を認めているため、それまでに性的マイノリティへの差別が減少した可能性を考慮しなければならないが、結果的に、男性どうしの世帯であるゲイカップルが経済的に有利であることが明らかになった。ちなみに、2008年から2012年のあいだ、カナダの男女間賃金格差は20%前後だった[6]。

ヘレンとスーザンの時代を経て、いまや世界34か国で同性婚が認められている(2023年5月時点)。オランダ、スペイン、カナダ、南アフリカ共和国、スウェーデン、ポルトガル、アルゼンチン、ブラジル、フランス、ウルグアイ、ニュージーランド、英国、米国、フィンランド、ドイツ、オーストラリア、台湾、チリ、キューバ、メキシコなど、おなじみの国や地域で、同性カップルが結婚して家族として暮らしている。地球上の多くの地域では、性的指向に関係なく誰もが家族になれる平等な社会になった。しかし、男女間の賃金格差が家族・世帯間の所得格差としてあらわれるのなら、平等の達成はいつまでも課題として残る。まして韓国のように男女間の賃金格差が大きい国で、同性婚が認められることになると、家族・世帯間の所得格差はどうなるのだろうか？　性的マイノリティに対する差別が大きい分、相殺効果があるかもしれないが、それも解決しなければならない課題になる。

韓国ではまだ同性婚が認められていないため、ここで二つの相反する反応がありうる。家族・世帯間の所得格差が問題なら、男女間の賃金格差を減らすべきか、それとも同性カップルの家族形成に反対するべきか？　根本的な原因である男女間の賃金格差を減らすことが当たり前ではないかと思われるかもしれないが、実際には人々は、不平等な構造よりも家族形成に焦点を合わせる傾向がある。第5章でも見たように、人々は結婚を「取引」と考え、家族形成を通じて経済的に有利な地位を占めようとする欲望を隠さない。性別以外にもさまざまな理由で所得格差が存在するこの社会で、私たちがどのように家族を形成しているのか考えてみよう。そして、家族間の不平等が問題であるなら、私たちが変えなければならないことは何なのか、ともに考えてみよう。

表　理想の夫像と妻像

	夫	妻
身長	178.9cm	163.2cm
年収	6224万ウォン	4145万ウォン
資産	2億9117万ウォン	1億8853万ウォン
年齢差	2歳年上	2.7歳年下
学歴	4年制の大卒	4年制の大卒
職業	公務員・公社職員	一般事務職

似た者どうしの出会い

「未婚の男女が選んだ、結婚したいと思う理想の男女は？」

ある結婚相談所が2021年に、25歳から39歳の未婚男女が考える「理想の夫像・妻像」を発表した。アンケート調査をもとに作ったという理想の夫と妻の姿は表のようだった[7]。

あくまで「理想」なので、実際の平均値よりはハイスペックになっているだろう。さて、理想と現実のギャップはどれくらいだろうか。2021年の平均初婚年齢が男性33・4歳、女性31・1歳なので[8]、同年代の人々の平均を確認してみよう。まず身長は、結婚相談所のデータでは理想の夫が178・9㎝、妻が163・2㎝だった。それに対し、実際の30代の平均身長は男性174・7㎝、女性161・8㎝だった[9]（2021年基準）。理想の水準が現実よりはやや高いものの、相手が見つからないほど不可能な数値ではなさそうだ。

所得のほうはどうだろうか？　理想的な配偶者の年収は、夫が6224万ウォン、妻が4145万ウォンだった。これを毎月の給与にすれば夫が約519万ウォン、妻が約345万ウォンになる。ところが、2021年に30〜34歳の労働者が実際に得た平均的月収は、男性352万ウォン、女性307万ウォンだった[10]（年収の中央値はそれぞれ320万ウォンと271万ウォン）。理想値が平均値よりもかなり高く、とくに男性の場合、約167万ウォンもの格差がある。現実的に、月収500万ウォン程度を稼いでいる相手に出会うことは容易ではなさそうだ。30〜34歳のうち、月収450万ウォン以上の人は上位18・5%に属し、550万ウォン以上なら上位10%に属するからである[11]。

冷淡に聞こえるかもしれないが、理想の配偶者を想像するのは、あまり意味がないことだ。ドラマやおとぎ話のように、誰もが望む理想の人に偶然に出会って恋に落ちることなど、現実ではなかなか起こりえない。それもそのはず、現実では結婚相手の選択肢はさほど広くない。たとえ自分が「理想の夫」あるいは「理想の妻」の条件を満たしていても、自分に選択の道があまりない可能性だってある。立派な家柄であるほど、〔周囲が〕より激しく結婚に反対するのはドラマでよく見るシーンではないか。

配偶者選びの現実を見てみよう。教育水準を基準にすると、過去には妻より夫の教育水準のほうが高い「上昇婚」が多かった。1970年には、30代の夫婦のうち上昇婚が占める割合が

51・5%だった。互いの教育水準が同等な「同類婚」は45・9%で、女性の教育水準のほうが男性より高い「下降婚」は2・5%に過ぎなかった。しかし時代が経つにつれ、女性の上昇婚が減少し、同類婚と下降婚が多くなった。2015年には、30代夫婦の上昇婚は26・8%に減り、同類婚(54・5%)がもっとも一般的になった。人々の学歴が全般的に高くなったこともあり、とくに女性の教育水準が向上したことによって、似た者カップルが結婚するケースが多くなったとみられる。[12]

同類婚が多くなったことは、韓国社会が過去よりもより平等になったという意味なのだろうか? 一見そのように見えるかもしれない。男性が優位の上昇婚よりは同類婚のほうが、対等な立場で民主的な夫婦関係になりそうな気がする。同類婚の夫婦は、社会的な経験や文化的な好みにおいても共通点が多いため、違和感なく一緒に暮らすことができる。二人とも大学を卒業した高学歴のカップルなら、二人のうちどちらが働いてもおかしくないように思える。ところが、同類婚そのものが平等を意味すると言い切るには、いくつかの問題点がある。まず、第4章で登場した性別役割分業が、高学歴カップルでより実践される現象について考えてみよう。

同類婚の傾向では、大卒女性は大卒男性と結婚する可能性が高い。いわゆる「学歴同類婚」だ。このような関係では、互いに平等かつ柔軟に役割を分担していくイメージがある。しかし、女性のキャリア断絶は大卒女性にもあらわれる現象である。2019年、保健社会研究院は新婚

7年以内の夫婦（19～49歳）を対象に、「青年世代の結婚および出産動向に関する調査研究」を行った。研究の結果、大卒女性のうち、結婚した時点で仕事をしていたと答えた人が67・7％だったが、調査の時点では44・0％に減っていた。大卒の男性は、結婚した時点で仕事をしていた人が82・7％、調査時点でも80・8％と、ほぼ維持されているのとは差があった。[13]
むしろ高学歴だからこそ、女性が仕事を辞める可能性も存在する。研究によると、夫の所得が高いほど、妻の労働参加率が低くなる傾向があらわれる。[14]同類婚の傾向はすべての所得階層にあらわれるが、所得の低い階層ほど不利に働く。夫の所得が低ければ、妻が働きだす可能性が上がる。この際、女性は主に非正規雇用を選ぶことになり、世帯所得を大きく引き上げることができない。一方、高学歴の同類婚をした女性は、夫の所得が高いので、就業しなくてもいいという選択肢が増える。とくに子育て世帯なら、専業主婦として子どもの教育に専念するほうが、家族のためにより重要で必要なことだと思うかもしれない。
結果的に、大卒女性が仕事を辞める傾向は、統計データからも確認できる。第4章で、女性の就業率は全体的に20代に高く、30代に低くなり、40代にふたたび上昇するM字カーブを描くと述べた。高卒以下の女性の場合、20代前半には厳しい就活を経験し、20代半ばに就業率が下がり、40代以降は20代よりも高い就業率を見せる。一方、大卒女性は当初の就業率こそ高いが、キャリアの断絶以降、復帰が成功しにくく、L字型のカーブを描くことになる。[15]これは、キャリアを中断する以前と同じ水準の職場を探すのが難しいせいでもあるが、専業主婦の選択肢が増えるということを間接的に意味するのかもしれない。高学歴者どうしの同類婚の力は、何よりも子どもに影響する。たんに大学を卒業した事実以上に、入試の難易度の高い大学を卒業したエリートどうしの結婚の場合、階層的影響の強さがさらに浮き彫りになる。子どもは両親が持つ育児資源を活用して豊かな文化を体験でき、幅広い社会的ネットワークを形成し、貴重な機会を享受する。仮に、養育者の一人が専業主婦であるか、労働時間を柔軟に調整できる就労形態なら、子どもと過ごす時間が増えて、有用な情報を得ることができ、子どもに対する献身度も高まる。経済的水準と社会的背景が比較的に均質な親どうしが集まって、情報と機会を分かちあい、排他的な集団を形成して階層が分かれることもある[16]。たとえ意図してはいなかったとしても、同類婚は階級を再生産し、不平等を強化する効果があるのだ。

まるで中世に逆行したような階層の分離と富の世襲に対して、最近の学者たちは辛辣で批判的な意見を述べている[17]。現代社会における階級・社会階層の再生産は、一見すると正当で公正に見える。エリート階層どうしが出会って中産階級を形成し、蓄積された富とネットワークを通じて高所得層に入るための教育機会を独占することで、子どもに階層を世襲させる。ここで重要なのは、このすべてのプロセスが「家族」という名のもとで行われているということだ。それぞれの人は、たんに各自の人生において最善の選択をし、結婚して家族のために養育者の役割を果たしていると思うのだろうが、その結果は社会階層の世襲につながる。では、家族制度の実態はどうなっているのだろうか？

扶養義務の二面性

あなたがロト（懸賞くじ）の2等に当たって、5000万ウォンの当せん金をもらったと仮定しよう。当せんの話を聞いたのかどうかはわからないが、一緒に住んでいるルームメイトが、大学院に合格したのだが授業料と生活費が心配だとあなたに打ち明けた。いつも料理と掃除を快く引き受けてくれるルームメイトに感謝していたあなたは、何の条件もなしに、授業料と生活費に充てるようにと1000万ウォンをプレゼントした。果たして国家は、こんなあなたの行動にどう反応するだろうか？　世知辛い今時の世の中で、他人のために報いる稀な人だと、表彰状でもくれるだろうか。残念ながら法律によれば、おそらく税金の案内が届くだろう。課税標準1億ウォン以下に対する税率10％が適用され、お金を受け取ったルームメイトには贈与税100万ウォンが課税されるはずだ。[18]

しかし、もし二人の関係がただのルームメイトではなく、法律が定める「扶養義務」がある家族ならば話は変わる。贈与を受けた人は課税されることなく、受け取ったお金をすべて授業料と生活費に使うことができる。後でさらに詳しく話すが、一定範囲内の家族のあいだには扶養義務があると認められ、社会通念上認められる生活費や教育費に対して、国家は税金を賦課しない[19]。家族どうしで扶養するよう法律で定めておいて、その義務を果たした人に税金を課すのは矛盾しているだからだ。一方、扶養義務のない関係で、お金を無償で譲り受けた人には税金が課せられる。不労所得の一部を社会に再分配するという趣旨からだ。

家族が経済的な共同体であることを考えれば、これは一見合理的な気がする。しかし、納得できないところもある。家族から受け取るお金であっても、不労所得であることは変わらない。お金を受け取る人が、授業料と生活費を自分一人では出せない状況であるという点も一緒だ。ところが、たとえば両親から支援を受けることができた人は税金を払わなくて済むのに、ありがたいルームメイトから受け取ったお金には税金がかかる。もちろん両親からも、社会通念上の教育費や生活費を超える範囲の資産を受け取れば贈与税が課されるが、この場合にも一定の金額が控除されるという税制上の優遇が受けられる[20]。現実的に、そのようなありがたいルームメイトに出会うこと自体、ロト当せんと同じくらい難しいことはさておき、金銭的に余裕のある家族がいるということは、たしかに有利なことである。

家族関係を通じて行われる階層の世襲は、家族間での財産の共有ができるように支える制度と関係がある。ほかの社会的な関係とは異なり、家族のあいだでは扶養という名目で、お金の流れが相当自由になる。労働の対価としてはじめて報酬を受け取れる熾烈《しれつ》な社会で、堂々と不労所得を要求できるのが家族の世界だ。このように設計された制度は、金銭的に恵まれた家族にさらに有利に働く。たとえば、教育費に支出する資産を十分に持つ家族は、教育費に対する税金を減免されながら、親から子へと社会経済的地位を代々継承する可能性が高い。さらに、このような親は、子どもに対する扶養義務を忠実に果たした立派な養育者という、社会からの道徳的承認までも受ける。

世間の人々は、たかが免税や税金の控除ごときで恩恵とまで言うのかと考えるかもしれない。ほとんどの人は、国家が直接資金を提供する方法だけを支援と考える。しかし時には、税金を減免することでも、直接資金を提供するのと同じ効果が得られる。年末調整で扶養控除を行うことで、間接的に扶養の費用を国家が支援する効果があるのと同じことだ。ところが、このような方法では、金銭や財産をたくさん持っている人だけが恩恵を受ける。そうでない人は恩恵とは縁もゆかりもない。そのうえ、生活に必要な費用を家族から受け取ることができなければ、家族以外の他人から調達しなければならないが、そうすると利息や税金を払う必要がある。貧しい人ほど、かえってお金がかかるという皮肉な状況なのだ。

しかも、貧しい人にとっての「扶養義務」は、恵まれた人とはまったく逆に働く。とりあえず、扶養しなければならない家族の範囲を考えてみよう。民法で互いに扶養する義務があると規定しているのは、配偶者、直系血族とその配偶者（子ども、両親、祖父母、孫、義父母、嫁、婿など）、そして「生計を共にする」8親等以内の血族（兄弟姉妹、甥姪、おば、おじ、従兄弟など）および4親等以内の姻戚（兄嫁、義妹、おじ、おばなど）である。[21] このように広い扶養義務者の範囲は、裕福な人にとっては手助けを求めるための豊富なチャンスを意味するのに対し、貧しい人にとっては、多くの人々の生計がかかった重い負担を意味する。義務を果たせなければ、無能で無責任な人だと道徳的な観点からも非難されやすい。制度が同じだからといって、誰にも同じ効果をもたらすわけではない。〔19世紀フランスの〕作家アナトール・フランスの有名な言葉のように、「法は荘厳な平等をもって、裕福な者も貧乏な者も一様に、橋の下で寝ること、路上で物乞いをすること、パンを盗むことを禁じている[22]」。同じ法律を公正に適用しているように見えても、ある法律は裕福な者には富を蓄積するための道具になり、貧乏な者には人生を苦しく締めつける鎖になりうる。家族はお互いを扶養して当然ではないかと軽々しく言う前に、この法的かつ道徳的な義務が、どのように不平等をつくりだしているかについて考えてみてほしい。そして、じっくり検討してみよう。なぜ、このような不平等が生じるのだろうか？

根本的に、家族という単位は、人の生存を担うには不安定なものである。経済的単位としての家族は規模が小さいため、少しでも状況が変わると家族全体が危機におちいる。[23] しかも、第4章で述べた性別役割分業意識に基づいて設計された社会ならば、男性扶養者の有無やその状況によって、複数の人の生計が不安定になる。このような脆弱な構造を作った国家が、家族どうしで互いに扶養せよと義務を課し、各自で生存を図るように求めるのは、最初からリスクを内包している。はじめから根本的な欠陥をもった制度なのに、制度による義務の履行の有無だけをもって、個人が無能だとか、無責任なせいだと責めるのは、おかしなことではないだろうか。

そのような矛盾に気づいた人類は、社会保障を受ける権利を基本的人権として宣言し、その制度を導入してきた。[24] 不安定で脆弱な家族の代わりに、サバイバル単位の規模を社会全体に拡大し、お金持ちと貧乏人が連帯することで家族への依存を減らし、すべての社会構成員にとって安全なセーフティネットになるように制度を設けたのである。国家が率先して社会保障制度を作り、家族が互いに責任を果たして生き延びることを課していた扶養義務の範囲も狭めた。英国の場合、1601年から300年以上のあいだ親族間の扶養義務を規定していたが、福祉国家が成立した1948年からは、扶養対象の範囲を配偶者と16歳未満の子どもに縮小している。[25]

一方、韓国は、福祉国家を名乗りながらも、家族への依存を減らす努力には消極的だった。自立して生計を立てることが困難な人に基本的な水準の生活をサポートする国民基礎生活保障制度〔日本の生活保護制度に相当〕を運用しながら、国家は家族の扶養義務を優先してきた。いわゆる「家族扶養優先の原則」として、扶養義務者と定められた家族の保護を優先的に受けさせ、扶養義務者の保護を受けることができない場合にのみ、基礎生活保障給付を受給するよう規定している。ただし、この場合の「扶養義務者」は、民法のそれよりは範囲を狭めて「1親等直系血族とその配偶者」すなわち両親、子、嫁、婿などに定められている。[26]

このような制度で、家族間の格差をどれほど解消できるのだろうか。家族間の扶養を優先とする社会保障制度の中で、国から支援を受けることは、「家族の失敗」を証明する課題を抱えるのと同義だ。家族がいたとしても、いないも同然であることをくりかえし証明しなければ、国の支援を受ける条件を満たすことができない。[27]「家族の失敗」が社会保障の前提条件となり、社会福祉制度はあたかも、家族のいない者たちのために作られた落伍者の世界のように設計されている。朝鮮戦争後の「孤児」や「未亡人」から、今日の障害者やホームレスなどに至るまで、数多くの人々が社会福祉施設で集団生活を送っている。かれらは、家族がいないからという理由で施設に入り、また、施設に入っているからという理由で、自由に家族をつくることができないという負の連鎖におちいる。[28]

「持てる者」が家族制度を利用して有利な階層を世襲する一方で、「持たざる者」は家族をつくること自体も困難な状態に置かれる。果たして、自分の人生とは無関係だと、自信を持って言い切れる人がいるだろうか？　社会が急激に変化し、家族の不安定性も増大する現代のような時代に、どれだけの資産を積み上げたら、家族という「素朴な幸せ」を夢見ることができるのだろうか。素朴な幸せをつかむため、高スペックの相手との結婚を追い求めることで、みずから解決に動く人もいるが、そうしているあいだに家族間格差はさらに拡大しつづける。ある商品にこれほどの重大な欠点があるとしたら、商品に対するボイコット運動が広がっても不思議はないのではないだろうか。

私の家族は誰なの？

2013年10月、釜山のあるマンションから、60代女性のウナさん（仮名）が飛び降りて死亡した。女子高校時代の友達であるヘジュさん（仮名）が、がんで死亡して間もなく起きたことだった。二人は高校を卒業して以来、40年間一緒に暮らしてきた。ウナさんが身を投げたのは、二人が長年同居していたマンションだった。ところが、ヘジュさんの闘病中に、ヘジュさんの親族が突然訪ねてきて、ウナさんが看病することを妨害した。親族はマンションの鍵を勝手に交換してしまい、ウナさんは家に入ることもできなくなった。ウナさんはヘジュさんの臨終に立ち会うことすらできず、後になってヘジュさんが亡くなったことを知り、みずから命を絶ってしまったのである。[29]

ヘジュさんの親族は、何の権利があってウナさんを追い出すことができたのだろうか？　ヘジュさんとウナさんは40年間生活をともにしたが、財産の名義はヘジュさんになっていた。ヘジュさんが会社で働き、ウナさんは主に家で家事をしていたためだった。二人が法律上の婚姻関係にあれば、当然ウナさんに相続の権利があったはずだ。配偶者が死亡した場合、残された配偶者は遺族として相続権を有するためである。しかし二人は法律上の「家族」ではなかった。ヘジュさんが死亡したとき、財産の所有権は法律が認めた「家族」に移ることになった。「4親等以内の傍系血族」に該当する件の親族は、法律が認める「家族」として遺産を受け取る権利がある。

実際にこの事件で、親族にマンションの所有権が移転されたかどうかはわからない。もしそうなら、親族の立場からすれば思いがけない幸運だっただろう。法的に見れば何の問題もない。仮にウナさんが、ヘジュさん名義の財産に対する相続権を主張したとすれば、おそらく法律はウナさんに味方しなかっただろう。「家族」がいるのに「他人」が財産を強奪しようとするわけだからだ。一緒に暮らしているあいだ、ウナさんとヘジュさんはすべてを共有し、互いにケアする家族であっただろうけれど、法律はこのような関係を家族として保護してはくれない。法律が守る「家族」は別にいるのだ。

法律は血族を保護する。人が亡くなったら、法律が定めた順に従って故人の財産を配分することになる。民法上の相続順位は、第一順位が子や孫など「直系卑属」、第二順位は父母や祖父母など「直系尊属」、第三順位は兄弟姉妹、最後の第四順位としておじ、おば、甥、姪、従兄弟姉妹など「4親等以内の傍系血族」が優先権を持つ。[30] 亡くなった人が遺言状を残して、家族ではない他人に財産を譲ったとしても、依然として血族に権利がある。「遺留分制度」といい、配偶者、直系卑属、直系尊属、兄弟姉妹は、故人の意思とは関係なく一定割合に対する相続権を持つとされるからだ。[31]

歴史を見れば、配偶者は「血族」ではないとされたため、ずいぶん後になってから相続の権利を持つようになった。朝鮮時代には妻の相続権が認められなかった。日帝も、相続に関しては朝鮮の慣習に従うとし、配偶者の相続権を認めなかった。配偶者の相続分を認めるようになったのは1958年に制定された民法からだが、それさえも、夫より妻の相続分が少なく認められるなどの差別が存在した。その後、改正をくりかえし、1990年になってようやく性別の区分なしに配偶者の相続権が認められた。[32] 現行法では、配偶者は第一順位(直系卑属)や第二順位(直系尊属)と共同相続人になり、その代わりに他の共同相続人より相続分を5割多く認められるようになっている。[33] 仮に遺族として、配偶者と子どもX・子どもYがいるとしたら、それぞれ1.5：1：1の割合で相続されることになる。

法律で相続人の範囲と優先順位を定めたことは、それなりに透明かつ公正な財産の分配方法ではあるけれど、複雑な現実を考慮せず、あまりにも思いやりのない単純な解決法でもある。扶養義務という家族間の特別な責任について前述したが、相続法はこれさえも考慮しない。一緒に暮らしながらお互いの面倒をみる関係だったのか、それとも挨拶すら交わしたことのない関係だったのかなどは、まったく気にしない。しかも、幼い子どもをネグレクトした親だったとしても、子の財産に対する相続権においては高い優先順位を持つことになる。

実際、あるアイドルグループのメンバーBさんが28歳で突然死亡した後、Bさんを育てた養育者の相続に関する問題が大きく報じられた。というのは、Bさんが9歳のとき家出して約20年間帰ってこなかった母親があらわれ、自分の相続分を求めたのだ。Bさんを実際に養育したのは父親だったが、この場合、相続法は父親と母親を同等に扱う。幸いこの事件は大きな注目を集めたせいか、父親の寄与分が認められ、60対40の割合で父親が多く相続することになった。しかし、このケースのように寄与分が認められるのは非常にめずらしい[34]。

ウナさんとヘジュさんのように血族ではない関係は、いくらお互いの面倒をみながら一緒に生活をしていたとしても、法律上の家族とは認められない。韓国で、血族でない人どうしが法律上の家族になる方法は結婚と養子縁組だけだが、彼女たちのような関係では養子縁組で親子関係を結ぶことも微妙だし、同性婚は認められていない。記事の内容だけでは、二人がレズビアンカップルだったかどうかはわからない。しかし、たとえ二人が恋愛関係にあったか否かは永遠にわからないとしても、一緒に過ごした40年の年月が無意味な時間だったとは誰にも言えない。「家族」という関係を、実際の共同生活と関係なく法律が機械的に決めてよいのだろうか。血族でない人どうしが制度的に家族になれる、別の方法を考えることはできないのだろうか？

「結婚」をめぐって社会的に激しい議論が繰り広げられている理由は、結婚が、血族ではない者どうしで家族を形成できる、非常に特別な制度であるためだ。すべてのロマンチックな要素を除いてドライな言い方で言えば、結婚とは当事者間の契約であり、社会が共同生活の単位として認め尊重する法的関係だ。もちろん慣習的な意味で見れば、結婚には多くの欲望が深く結びついている。経済的・社会的地位を高めること、子孫を産んで家を継ぐこと、家事をする人を得ること、結婚外の性的行動を規制することなど、前章までで見てきた多くの欲望が、結婚という制度の裏に隠れている。幾重にも重なったこれらの欲望を剝がしていくと、結婚のもっとも本質的な意味として残るのは、契約当事者が人生のパートナーになる「連帯」という関係だ。

結婚によって家族に「なる」ということは、その当事者のあいだに権利と義務が生じることを意味する。生計を一にして、互いを扶養し、協力しなければならない。共同生活を送るうえで必要な仕事を相手に代わって処理でき（日常家事代理権）、それによって生じた債務に対する責任も共同で負う（日常家事債務の連帯責任）[35]。結婚期間中に夫婦で協力して築いた財産は、所有の名義と関係なく共同財産に該当し、離婚時には公平に分けあう必要があり、この際には家事を分担した寄与分も認められる[36]。手術同意書や延命治療の中止など、医療に関する決定を下す保護者の役割もお互いに担い、配偶者として社会保障給付を受け取り、相手が死亡すれば遺族として葬儀を執り行う[37]。

このような法的保護を受けるために、同性間の関係も法律上の結婚として認めるよう求める人々がいる。正確な把握は難しいが、すでに韓国社会には、パートナーと同居している性的マイノリティ当事者が多い。２０２１年「性的マイノリティ青年の社会的欲求および実態調査」の結果によれば、研究に参加した19～34歳の性的マイノリティのうち35・８％にパートナーがいて、そのうち19・７％は同居している。この調査では、アンケート参加者の94・７％が同性婚ないし生活パートナーシップ制度があれば利用したいと答えた。同性婚だけを利用するという回答（４・１％）よりも、代替的な制度である生活パートナーシップ制度だけを利用するという回答（24・１％）のほうが多く、両方とも利用する意思があるという回答は全体の66・５％を占めた[38]。

家族を形成するための、結婚以外の代替案を求める声は、さまざまな人々から上がっている[39]。異性カップルの中でも、同居しながら結婚以外の方法で営む共同生活を保護してほしいと望む人がいる。なぜだろうか？　2020年に実施された「非婚同居の実態調査」に参加した19〜69歳の同居経験者は、結婚と同居の違いとして、結婚に比べて同居のほうが家族に対する義務や出産・養育に対する負担が少ない点を主な理由に挙げている。その一方で、現在すでに同居中の人は、家事労働と子どもの養育・教育を「二人で一緒に」すると答えた割合が、法律婚したカップルよりもはるかに高かった。かれらは概して、情緒的な絆や関係の安定性の観点から結婚に相当する関係にあると感じており、パートナー関係に対する満足度は婚姻関係よりも高かった。何より、男女の満足度の差は、同居家族のほうがはるかに少なかった[40]。かれらの関係を、法律婚にとらわれた長年の慣習から脱し、より幸せで対等な家族をつくろうとする努力として見てはどうだろうか。

〔このような家族も〕人々が主体的に形成したケアの共同体なのに、国家や社会から尊重を受けられない理由がどこにあるだろうか。血族の中で人に順位をつけ、扶養義務を課して生存を担保してきた従来の家族は、人を生まれつきの運命に従わせ、権威主義的な統制によって社会体制を維持してきた硬直的な秩序だった。しかし、自由と平等に根本的な価値を置く現代の社会で、私たちによりふさわしい理想的な家族とは、自主的で平等な共同体ではないだろうか。私たちが人権を勝ち取ってきたすべての瞬間を通じて経験したように、強要された義務と厳格な上下関係から生じる圧迫感がなくなったとき、人々はより幸せに、お互いをケアするための道を見つけだせると信じてみよう。

7章　脚本のない家族

性別が変わった家族

第1章で登場したスローガン、「嫁が男だなんて！」を思い返してみよう。この短いフレーズは16年前に、同性愛者の存在を受け入れられないという意味で登場し、同性婚反対の代表的なスローガンとして長年定着してきた。「男性が嫁になれるなんてありえない」という言葉が、これほど人目を引くことに成功した効果的なスローガンになった理由は何だろうか？　このスローガンによって刺激される感情は、「男性の嫁」に対する抵抗感というより、家族秩序の変化に対する恐れではないかと思う。性的マイノリティに対する差別の撤廃という国際的な変化の大波に乗れていない韓国社会の現実も、結局は、家族秩序を理由にくりかえされてきた、数多くの排除の歴史の一断面ではないかと思う。

たしかに性的マイノリティの出現は、家族秩序に大きな混乱をもたらす。逆に言えば、いまの家族体制は性的マイノリティを受け入れられない。これまで述べてきたように、私たちが知る家族とは、性別によって細かく構造化された体制だ。すべての人を「男」と「女」の二分法を前提に区分し、性別に基づいて期待される特定の役割があることを大前提とする。男女がそれぞれの役割を遂行しながら法的に結婚し、子どもを産まなければならないという一連の家族の脚本に忠実に従うことが期待され、同調圧力をかけられる。

それを考えると、2006年に最高裁判所がトランスジェンダーの法律上の性別変更を認めたことは、まさに歴史的な転換だった。憲法裁判所が、戸主制に対して違憲の決定を下してから約1年後のことだった。2005年、憲法裁判所の決定を受けて、民法の戸主制度に関連する条項が改正された。ただし、戸主制に付随する身分登録法である戸籍法が廃止されたのは約3年後の2008年1月1日のことだった。そのため2006年時点では、性別を変更するためにはまず「戸籍」を変えなければならなかった。戸籍法は、戸籍上の記載内容に誤りがあった場合、家庭裁判所の許可を得て戸籍の訂正を申請できるとしていたが、最高裁はこの条項に基づいて、トランスジェンダーの性別を変更できると決めたのだった。

もしも、先立って戸主制が廃止されていなかったとしたら、それでも最高裁判所はトランスジェンダーの性別変更を認めただろうか？　歴史に「もしも」はないとはいえ、戸主制が存在する中で性別を変えるというのは、はるかに難しいことだっただろう。戸主制では性別に基づいて家族の序列が決まるのに、綿密に絡みあった家族関係の中で、一人の性別が変わればまさに大混乱を生じたはずだからだ。家族の誰かの性別が変われば、誰が戸主になり、結婚したらどの戸籍に入籍し、戸主の地位を引き継ぐ順位はどうなるかなど、基本的な秩序が揺らぐことになる。戸主制のもとで、男女の二分法で区分された性別は家族秩序の基礎だった。

しかし、戸主制が廃止され、戸籍がなくなっても、依然として家族秩序の中での性別は自由気ままなものではない。戸籍法に代わって、2008年1月1日「家族関係の登録等に関する法律」（略称「家族関係登録法」）が施行された。個人の身元を登録する身分証明制度を用意したものだが、依然として「家族関係」の登録を通じて身分を規定している。過去に比べれば家族の範囲は狭くなっているが、「私」という人の身分は、誰かの配偶者、子ども、父、母などの関係によって規定される。そのため、家族がいる限り、性別が変わるということは個人の問題ではなく、家族全員の問題になる。書類上では、子どもにとっての「父」が女性になり、「母」が男性になり、配偶者の性別が互いに同じになることが起こりうるからだ。

幸いにも（?）2006年の最高裁決定で性別の変更を申請したトランスジェンダー男性の場合は、結婚歴もなく子どももいなかった。彼は20代から男性として生活しており、40代に性別適合手術も受け、最高裁の決定が下された時点ではすでに50代半ばだった。女性と同居していたが、男性としての生殖能力はなく、子どもを出産する可能性はなかった。彼の性別が変わっても、身分関係に影響が出る「家族」がいなかったため、最高裁の観点から見ても懸念する問題があまりなかったはずだ。少し荒っぽく言えば、家族がいなかったから性別を変更することができたということだ。

もし彼に〔法律上の〕配偶者や子どもがいたら違っただろうか？　２０１１年、最高裁判所は、性別変更を認めるには、性別変更の申立人が結婚していないこと、未成年の子がいないことが必要だと述べた。[2] つまり、結婚している人なら離婚しなければならず、未成年の子がいる場合には成人になるまで待たなければならないという意味だった。その理由としては、性別変更をすれば本人の身分書類だけでなく、家族関係登録証明書に記載されている配偶者と子どもの身分関係も変わるということが挙げられた。そうでなければ、配偶者との関係では「同性婚を認める」ことになり、子どもにとっては父が女性、あるいは母が男性に「ひっくり返る」問題が指摘された。簡単にいうなら、性別変更は、従来の家族秩序が害されない限りにおいて認められるという意味だった。

ところが、２０２２年11月24日、最高裁は11年前のこの決定を一部覆し、判例を変更する歴史的な決断を下した。性別変更の申立人に未成年の子がいるからといって、無条件に性別変更を認めないのではなく、実際の子どもとの関係を調べたうえで判断しなければならないとした。[3]

結婚した状態ではいけないという条件はそのまま残っているので、同性婚を認めたわけではない。しかし性別変更した場合、子どもには父親または母親が二人いることになるが、それでもよいと裁判所が認めたということなのだろうか？　子どもには「お母さん」と「お父さん」がいなければならないという、男女の二分法に基づく性別と異性間の結婚に依拠した家族の脚本に、ひとつの亀裂が生じた。いったい何が変わったのか。そして、その亀裂はどこに向かっているのだろうか？

家族の脚本の亀裂

2011年時点で、韓国の最高裁は、親の性別変更が未成年の子に与える影響を懸念し〔性別変更に制限を設け〕た。未成年の子が、家族関係証明書を提出するたびに「同性婚の外観」が明らかになることが予期できるのに、「社会的差別と偏見に無防備に晒《さら》されるよう放置」することはできないという方針を示したのである。したがって、子どもへの配慮を要請して、このような談話を発表した。「家族間の絆と配慮をとくに重視する韓国社会の家族観に照らし、未成年者である子の福祉を守ることを考えて、親権者の性別変更を認めないことは、現在の韓国社会が、みずからの判断で異性と結婚し、子どもを産んで家族を形成した人に求める最低限の配慮要請である」[4]

子どものために養育者が配慮するのは当たり前のことのように見える。だが、この事件で裁判所は、性別変更の申立人と子どもの関係が実際にどうなのかについては調べていない。最高裁の判決が下された当時、申立人（原告）の息子は16歳であり、申立人は以前から、みずからを女性と自認して暮らしてきて、5年前に性別適合手術を受け、以来ホルモン剤を投与しつづけてきた。しかし裁判所は、すでに女性として生活している「父」の書類上の性別を変更したほうが良いのか、それとも二人の関係において性別はもはや関係のないものなのかについて、息子の立場に立って考えようとはしなかった。そのため、この決定が申立人の息子にとって、本当に「配慮」の意味をもったのかはわからない。ただ、養育者がトランスジェンダーであることを社会に公表するのは好ましくないことだという最高裁からのメッセージだけは、明確なものだった。

当時の最高裁は、家族関係登録証明書において、両親が〔形式的に〕「同性婚」であることを明らかにしないことが、子どもの福祉を守ることだと固く信じていたようだ。だが、なぜ子どもに「父」あるいは「母」が二人いることが問題だと考えたのだろうか？　第4章で見たように、二人の母親がいて、その性別が同じだからといって「悪い」養育者とは言えない。加えて、「理想的」とされる父親と母親の性別役割分業は、現実的でもなく、望ましいものでもない。

第6章で述べたように、家族は形式を超えた実質的なケアの共同体でもある。まして、すでに営まれている家族関係を、「同性婚の外観」を防ぐために引き離してもいいのだろうか？

2008年、ドイツ連邦憲法裁判所は、法律上の性別変更のために離婚を強制する法について違憲判決を出した。[5] ドイツが同性婚を認めるようになったのは2017年からなので、当時は韓国と同じく「同性婚の外観」が問題になっていた。だが、ドイツの憲法裁判所は、韓国の最高裁と異なり、離婚を強制することを、ドイツの憲法である基本法がその保護を謳う「結婚生活」に対する侵害とみなした。性別変更のために望まない離婚を強制され、制度による法的保護を受ける権利を剝奪されるのは不合理であるとみなした。異性間の結婚という外観ではなく、実在する家族生活を保護することを優先したのだ。

さらに2011年、ドイツ連邦憲法裁判所は、性別変更を許可する要件として、性別適合手術を受け、生殖能力をなくすことを必要とする法律に対しても違憲判決を出した。[6] 国家が強制的に不妊手術を要求するのは、身体の完全性に対する権利を過度に侵害すると判断したのだ。この判決によって、トランスジェンダーの人が子どもを産み育てる可能性が生じ、これは既存の家族秩序に反することになる。しかし、性別が変わっても、養育者―子どもの関係が変わらないよう法律は保護できるとし、裁判所は問題視しなかった。ここでの養育者―子ども関係とは、性別による父・母の役割ではなく実質的な養育の責任を意味する。

他方で、韓国の最高裁判所は、偶然にも同年の2011年に下した判決で、性別変更のために申立人が婚姻状態にないことと、未成年の子がいないことを要求し、時代の流れに逆行する路線を選んだ。ドイツも韓国も、個人の性別変更が家族関係に及ぼす影響を真剣に考慮したことは事実だろう。しかしドイツは、公的文書の上で個人の性別が変わっても、法律上の配偶者や養育者―子どもの関係が変わらないよう保護する道を選択し、一方の韓国は、公的証明書の性別を変更できないようにする道を選択した。ドイツは、性別に関する自己決定権を保障しつつ、実際の家族生活を保護することを重視したが、韓国は家族関係登録証明書の上で「目に見える」家族関係を「正常」な外見に保つことを重視したのである。

当時の最高裁が、社会的差別や偏見を経験するであろう子どもを心配して述べた言葉を、あらためてじっくり考えてみよう。「未成年の子どもは就学等のために家族関係証明書を求められるだろうが、そのたびに同性婚の外観が記載された家族関係証明書を提出するほかない」[7]。実際この言葉は、トランスジェンダーの家族だけでなく、「正常」に属さない他の家族にも当てはまる。すなわち、一人親家庭、離婚家庭、婚外子など、家族の形態を理由に差別を受けるすべての人々にとって家族関係証明書は問題になる。「同性婚の外観」だけでなく、すべての「逸脱」した「外観」をもつ家族は、同様の困難を経験する。

先に述べたように、韓国において個人の身分は家族関係の中で規定される。個人の出生から死亡におよぶ身分関係を記録する制度の名前が、「個人」登録制度ではなく「家族関係」登録制度であることは偶然ではない。冒頭で述べたように、家族関係登録制度は戸籍法に代わる身分登録制として制定された。戸主制の廃止にもかかわらず、家族関係から離れた「個人別」の身分登録制を当時の国会が受け入れることができなかったために、結果的に戸主制より範囲が狭くなったとはいえ、依然として「家族関係」によって身分を登録し証明する制度が誕生した。[8]当時、「ただ人が自分自身として存在するだけでいいのに」と嘆いていたある活動家の願いは、戸主制廃止以後にも課題として残った。[9]

「家族関係」をもって身分を証明することは、「私」という人間の身分を証明するために、家族構成員の情報を求められることを意味する。また、他の家族構成員も、自分の身分を証明するために、私の情報を共有するという意味でもある。数度の改正を経て現在は改善されたが、当初は離婚歴、前婚での子、改名、養子縁組などの個人情報が、変更の履歴も含めて証明書に記載されていた。[10]２０１６年の改正により、現在の身分関係のみを一般証明書に記載することになり、残りの〔過去の〕情報は詳細証明書にのみ記載するようにシステムが修正された。しかし依然として問題はある。詳細証明書には過去の個人情報が必要以上に記載されており、可能な限り情報を隠すとしても、結局は書類に家族関係が記載されるため、必然的に「異常」があらわになり、差別は避けられないからだ。[11]

個人の情報が家族全員の情報となる、この連動のために、２０１１年の最高裁はトランスジェンダーの性別変更を認めなかった。当時の最高裁は、〔子のいる申立人の〕性別変更を防ぐことが、子どもを差別から保護する道だと考えていた。個人の身分を証明するために家族関係を明らかにしなければならない不合理な制度や、その制度のせいで露見した家族形態を理由に誰かを差別する社会を問題視することはなかったのである。

しかし、２０２２年の最高裁は違った。家族関係登録証明書の問題は「個人の家族関係登録証明書上の性別変更と関連した内容を、法に反して外部に公開する行為が起きないように心がける」ことによって解決できるとした。社会的差別や偏見があるならば、「差別する側の偏見とリテラシーの低さを改善するために、法的・制度的に努力する義務を〔国家が〕負担」しなければならないと考えた。未成年の子どもの福祉を守ることは、依然として重要な考慮要素であるものの、判断の方向がまったく違った。申立人の性別変更を認めることにより、「親として安定的に未成年の子を養育し扶養できる社会的・経済的土台を用意」することこそが、「究極的に未成年の子の福祉に合致」すると見たのである。２０２２年に最高裁が下した判決を見てみよう。

個人の家族生活は社会的関係の始まりであり核心となるもので、国家はこれを保障しなければならない（憲法第36条第1項）。性別転換者もまた、法秩序の全体において家族を形成する構成員として同等の権利や義務を付与されなければならず、国家は性別転換者のこのような権利を保護しなければならない。

未成年の子を持つ性別転換者の性別変更を認めることが、当人の家族関係に変化をもたらす部分もなくはないが、これは父または母の性別転換という事実の発生により、両親の権利と義務を実現する姿がそれに合わせて変化する自然な過程に過ぎない。このように形成される親子関係と家族秩序もまた、法秩序の中で同様に尊重・保護されなければならない。性別転換者が離婚して婚姻関係を解消しているか、家族関係登録証明書上の性別変更が行われたからといっても、この点は変わらない。未成年の子を持つ性別転換者も、なお子どもの父または母としてそれに伴う権利を行使し、義務を果たさなければならず、これをすることができる。[12]

憲法第36条第1項は「婚姻と家族生活は、個人の尊厳と両性の平等を基礎として成立・維持されなければならず、国家はこれを保障する」と定める。少し遅れたが、韓国の最高裁も憲法上、国家が保障すべき「家族生活」が、他人から見た特定の家族形態ではなく、実際の家族関係でなければならないことを認めたのである。ここに、「正常」な家族の外観を守ろうとする強固な家族の脚本に亀裂が生じた。

家族は「危機」におちいったのか？

家族形態による差別が、たんに古い慣習の残滓《ざんし》だと考えるのは大きな間違いだ。韓国社会が異性婚と子どもの出産を前提とした家族を「正常」とみなし、それ以外を「逸脱」とみる階層的構造を法的に公式化したのは、わずか18年前のことだ。2004年2月に制定され、2005年1月に施行された「健康家庭基本法」がその起点となった。戸主制の廃止と同年に施行された健康家庭基本法は、従来の戸主制に代わって「健康な家庭」という家族規範を法的に明文化する役割を果たした。

健康家庭基本法は「健康な家庭生活の営みと家族の維持及び発展」(第1条)のために制定された。この法律を通じて「維持」し「発展」させようとする「家族」とは、「婚姻・血縁・養子縁組により成立する社会の基本単位」(第3条第1号)を指す。「健康な家庭」とは「家族構成員の欲求が満たされ、人間たるに値する生活が保障される家庭」(第3条第3号)と定義されるが、法律の内容を見れば、離婚などの「家族関係の解消」の対義語であることがわかる。要するに、健康家庭基本法は「婚姻・血縁・養子縁組」によって形成された家族を「健康な家庭」とみなし、離婚家庭などその他の家族形態を「家族関係の解消」と規定し、それらを「予防」するための法律だ。そのために、個人は以下のような義務を持つ。

すべての国民は、婚姻と出産の社会的重要性を認識しなければならない。（第8条第1項）

家族構成員の全員は、家族関係の解消を予防するために努力しなければならない。（第9条第1項）

婚姻と出産の「社会的重要性」を認識せよという言葉は、2000年代はじめから問題提起されてきた少子化を念頭に置いたものと考えられる。第2章でふれた「出産は愛国だ」というスローガンが法律の条文になったわけだ。そのうえ、「家族関係の解消を予防」するためにも個人は努力しなければならない。「家族関係の解消」は、想定外の結果や、より人間らしく生きるための選択かもしれないのに、この法律では家族が壊れること自体を危機と規定している。[13]それゆえ、婚姻・血縁・養子縁組によって一度構成された家族は、永遠に維持されることが「健康」で幸せだという前提に立つのである。

そのため、健康家庭基本法は「健康でない」あるいは「危機」にある家族をサポートする制度を定める。たとえば「一人親家庭、高齢者の単独世帯、障害者のいる家庭、母子家庭、グループホーム、自立生活センターなど社会的保護を必要とする家庭」に対して、国や地方自治体が支援するとする（第21条第4項）。結果だけを見るなら、家族間の不平等を緩和するための再分配政策にも見える。だが、「健康な家庭」という枠組みの中で支援の対象になることは、スティグマを受け入れて甘受することをも意味する。そもそも「家族」の定義から排除された非婚の同居家族は、家族政策の対象にならないだけでなく、法がいう「予防」すべき形態の家族になりうる。

歴史的に家族は、異なる生活条件のもとで、多様な形態で構成されてきた[14]。韓国でも家族のありかたは変わってきたし、いまも変わっている[15]。たとえば、現在の韓国では、過去よりも結婚する人は少なく、多くの人が離婚している。このような事実を、家族の「危機」や「解体」と表現するのと、家族の「変化」や「多様性」の増加と表現するのとでは異なる。前者の「危機」や「解体」の議論は、特定の家族形態だけを「正しい」と前提したものだ。これに対して、ユン・ホンシクはこのように批判する。「家族の特定の形態が変化することを『家族の解体』として理解するのは、家族が地域と時代によって多様な形態で存在し、変化してきたという多様性とダイナミックさを否定することだ[16]」

何よりも、このようなアプローチは、国家の政策において重大な差を生む。家族の「危機」「解体」論は恐怖や不安を煽り、過去に逆戻りさせる。一方の「変化」と「多様性」論は、変化に柔軟に対応し、新しい制度をつくるよううながす。前者は、既存の家族秩序に沿って生きるよう個人をコントロールし圧迫するが、後者は、すべての人の家族生活を保障しうる代替的な制度を考案しようとする。いままでの韓国社会では、前者のアプローチが主流だったと考えられる。終末論のような脅しと道徳的訓戒を用いて、家族の脚本に従えと強要する声が大きかったのだ。

家族の脚本は、二分法的な性別役割分業意識に基づいた家族秩序を維持しながら、ジェンダー平等を実現できるかのように錯覚させた。第4章で述べたように、女性を「良妻賢母」にするために計画された女性教育は、自己矛盾におちいらざるをえなかった。にもかかわらず、学校は第5章で述べたように家族の脚本を維持するのに主要な役割を果たし、性別による不平等を維持してきた。社会がジェンダー平等を追求しても、性別役割分業意識に基づいた家族制度と共存することは難しい。家族と社会は、別々の秩序が可能な、分離された世界ではない。性別区分に基づいて設計された家族制度は、平等をめざす社会の現実と衝突するほかない。

さらに家族の脚本は、家族制度がつくりだす階層的不平等を隠蔽する。第6章で見たように、現在の家族制度は「持つ者」に有利に設計されている。一方「持たざる者」は、家族の生活を維持することも、新しい家族を夢見ることも難しい。法律が機械的に定めた家族のために、道徳的・法的な義務を負い、賃労働と家事労働に苦しみながら暮らす、疲弊し不安定な未来を予想する人にとって、結婚は合理的な選択ではない。かれらにとっては、結婚を拒否することで家族秩序に編入されないほうが、もっとも予測可能で安全な生存の道であるかもしれない。このような不平等な現実を見て見ぬふりして、家族の価値だけを強調する社会は不条理である。

その結果は何よりも、子どもに影響を及ぼす。家族の脚本は、子どもにとって不平等で過酷な社会を意味する。これは少し不思議に聞こえるかもしれない。先に述べたように、2011年最高裁は、社会的差別と偏見から子どもを保護するための配慮だとして「同性婚の外観」があらわれないようにする方向を決めた。ところが2015年、アメリカ合衆国の最高裁判所は逆に、子どもを保護するために同性婚を認めるべきだとした。異性婚だけを認めれば、同性カップルの子どもが「自分の家族に対して、何かが足りないというスティグマ」を持つことになるので、子どもの被害防止のために、かれらに家族として同等の地位を保障すべきだという論理だった。[17]

多くの子どもたちが、家族背景を理由に、幼いころから差別を経験する。子どもが経験するあらゆる嘲笑やからかい、いじめの詳細をみると、家族形態や家族の所得、家族構成員の特徴など、家族に関する理由である場合が多い。家族の状況が、子どもたちのあいだに権力構造をつくるのである。そのような家に生まれたのだから仕方がないと、運命として受け入れる人も多いが、これはもっとも正しくない不平等でもある。どの家庭に生まれたかによって、尊重される人と無視される人がいて、機会に恵まれる人がいる一方で、生存すら難しい人もいるとすれば、裸で生まれた赤ちゃんのときから、私たちの身体には階級が刻まれていることを意味する。[18]

第2章でふれた婚外子や、第3章で登場した「混血児」、ハンセン病患者、障害者などの話は、不道徳で劣等な特定の人々の不幸ではなく、家族の脚本がつくりだした不平等の結果だった。一人親家族、養子縁組家族、再婚家族、移民家族、祖孫家族〔祖父母と孫だけの家族〕、非婚家族、同性カップル家族、トランスジェンダー家族など、すべての家族は、家族の「危機」や「解体」あるいは「崩壊」の結果ではなく、多様なライフスタイルだ。ところが、家族の脚本が、このような人生を劣等で異常なものだと規定し、スティグマを押しつけ、差別を正当化する。国家が特定の家族形態だけを「健康な家庭」と名づけることで「創出」している、この不平等をどうすればいいだろうか。

だからこそ、2022年に最高裁が家族の脚本につくりだした亀裂には、とりわけ重要な意味がある。先に引用した判決文で、最高裁は憲法第36条第1項が保障する「家族生活に対する権利」が、すべての人が持つ権利であることを確認した。たとえ家族関係に変化があったとしても、「このように形成される親子関係と家族秩序もまた、法秩序の中で同様に尊重・保護されなければならない」と明記した。尊厳を守られ、平等な家族生活を保障される権利がすべての人に認められるためには、数多くの人々を排除する不平等な家族秩序は妥当ではない。誰もが多様なありかたで家族生活を享受する権利があり、国家はこれを保障する政策や制度を作り、社会を変化させなければならないのだ。

家族の脚本をこえて

韓国は２００２年以来、合計特殊出生率１・３未満の「超少子化」国家であり、２０１８年からは1を下回り、２０２２年には０・78で過去最低を更新した。[19] 国家が人口危機を語り、あらゆる政策を打ち出したここ20年の結果が、成功したと評価するのは難しいだろう。ここまで国家ができる限りの方策を尽くしてきたのに失敗したとすれば、そもそも問題設定自体が間違っていたのではないだろうか？　むしろ、人口が消滅すると恐怖心を煽る国家政策のせいで、このような結果を招いたのではないだろうか？　少子化に関して学生たちと会話していたとき、ある学生がこう言った。「世界の終わりが来ると言われているのに、なんで子どもを産むんですか？」

少子化の危機をめぐる議論が続くなかで、「伝統」的家族を守ろうとする政策はふたたび新しく生まれていた。前述の健康家庭基本法は２００５年から施行されている。また同年に国会は、民法から戸主制に関連する条項を削除した一方で、民法第779条に「家族の範囲」の条項を残した。戸主制の廃止により家族が失われることを憂慮して、家族は結婚と血族により構成されなければならないということを、改正法で強く念を押したのである[20]。その結果、配偶者と直系血族、兄弟姉妹、そして生計を一にする場合の直系血族の配偶者、配偶者の直系血族および配偶者の兄弟姉妹を「家族」と定めた。2015年には、第5章でふれた「礼」と「孝」を美徳とした「人格教育振興法」が制定される。

その間にも、「同性愛反対」の声が次々上がっていた。第1章の冒頭でふれた、2007年に差別禁止法に反対するスローガンとして登場した「嫁が男だなんて！」という叫びは、たんに性的マイノリティに対してのみ反対するものではなかった。同性愛や同性婚に反対するということは、要するに人間なら当然、異性と結婚し子どもをつくらなければならないというメッセージであり、女性と男性にはそれぞれの役割があることを想起させるものだった。性的マイノリティに向けた反対運動は、いわば家族の脚本を絶対的な道徳律として神格化する作業であり、脚本から外れた生活形態を否定して、家父長制秩序を維持するための核心だったのである。

韓国では、もはや「両性平等」という言葉は「ジェンダー平等」とは異なる意味で使われている。2014年に「女性発展基本法」が全面改正され、「両性平等基本法」に名前を変えた。性別と関係なくすべての人を含む「ジェンダー平等」ではなく、常に性別と関連づけられる

「両性平等」、つまり男性と女性の二分法で区分できることを前提にした平等の概念が、政策によって作られたのである。性別の二分法に当てはまらない身体を持ったインターセックスや、出生時に指定された性別と一致しない性自認で生きるトランスジェンダー、異性愛規範から離れたゲイやレズビアン、バイセクシュアルなどを受け入れられないというのは、結局、固定された性別役割規範を維持しようとする意志にほかならない。[21]

韓国社会が家族の脚本にとらわれていたこの20年間で、世界は大きく変わった。英国は、教会法によって1533年に同性間の性行為を処罰する法を導入して以来、植民地支配によりそれを全世界に伝播させた歴史があるが、2003年にこの法律を完全に廃止し、2013年に同性婚を法制化した。米国では2003年に、同性間の性行為を処罰する刑法条項を連邦最高裁が憲法違反と判断した。その後2015年に、連邦最高裁が同性カップルの婚姻の権利を認め、すべての州で同性婚が認められた。ナチス・ドイツによる同性愛者大量虐殺の歴史を持つドイツは、かつて虐殺の根拠法令となった刑法条項を1960年代に削除し、2017年には民法を改正して同性婚を制度化した。[22] 2001年のオランダを皮切りに、20年のあいだに34の国と地域（2023年5月現在）が同性婚を認めるようになり、その数は増加を続けている。

婚姻届を出さずに共同生活を送る人を保護する制度もできた。よく知られているように、フランスは1999年に民事連帯契約（PACS）を導入した。法律婚とは異なり、相手の家族との姻族関係を結ばずに、法律婚と同じようにお互いを扶養し協力する義務を付与し、片方が死亡してもパートナーと住んでいた居所で引き続き暮らせるように居住権を認めるなど、共同生活を保護する制度である。民事連帯契約は、最初から同性カップルと異性カップルの両方のために設計され、正式に契約を締結する申告手続きによって成立する。一方、フランスは1999年、当事者間の自由な共同生活である「同居」を民法に規定する際に、同性カップルへの適用を含めたうえ、2013年からは同性婚も認めた。結果フランスでは、同性と異性のカップルのどちらも法律婚、民事連帯契約、同居のうち、いずれかを選んで家族を形成できるようになった。[23]

ドイツの場合、2001年に「登録された生活パートナーシップに関する法律」(生活パートナーシップ法)が制定された。これは、同性カップルを保護する趣旨ではあるが、同性カップルだけを対象にしていたため、異性間の婚姻と区別する意図が込められた制度だった。そのため、同性カップルに「劣等の地位」を付与する差別だという批判の声が上がった。結局ドイツは2017年、法律婚に同性カップルが含まれるよう婚姻制度を「開放」し、生活パートナーシップ法は廃止することにした。[24] 一方で、英国は少し違う選択をした。まず2004年に、同性カップルのためにシビル・パートナーシップ法を制定した。2013年になって同性婚を法制化したが、その際にパートナーシップ法を廃止しなかった。代わりに、異性カップルもパートナーシップを結ぶことができるよう2019年に法改正し、同性カップルと異性カップルの両方に、結婚またはパートナーシップの選択ができるようにした。[25]

韓国にも、婚姻届を提出しない共同生活を保護するための制度装置がある。婚姻届を出していない状態であるが、事実上、婚姻と同様の関係を有する「事実婚」を認め、かれらの共同生活を保護するものだ。たとえば、第6章でふれた同居・扶養・協力の義務、日常家事代理権、日常家事債務の連帯責任などは、事実婚関係でも認められる。しかし法律婚とは違って、事実婚関係では配偶者の親族との姻族関係が生じず、子どもは婚外子になる。事実婚の場合も、二人が別れれば法律婚のように財産分与を請求できるが、片方が死亡した場合には、法律婚とは異なり配偶者は相続権を持たない。それでも、事実婚の配偶者は、健康保険の被扶養者として認められ、公的年金でも遺族年金の受給資格を持つなど、社会保障制度による保護を受けられることもある。[26]

いまのところ事実婚は、異性のカップルにのみ認められる。ただし本書を執筆している現在、同性カップルにも事実婚を認めるべきだという訴訟が進められている。2004年に仁川《インチョン》で、およそ20年間一緒に暮らしてきた同性のカップルが別れ、財産分与を求める訴訟が提起された。原告は両者が事実婚状態にあったと主張したが、当時の裁判所は、同性の場合は事実婚と認められないと判決した。[27] その後2021年に、ある同性カップルが、事実婚の配偶者である原告に健康保険の被扶養者としての資格を認めるよう訴訟を提起した。国民健康保険公団を相手にしたこの訴訟で、原告は一審で敗訴したが、2023年2月の控訴審では勝訴した。控訴審の裁判所も、事実婚だとするかれらの主張を完全に認めたわけではなかった。しかし、健康保険の被扶養者制度において、異性どうしと同性どうしの結合を差別する合理的な理由はないとした。[28] 国民健康保険公団はこの判決を不服として最高裁に上告している。

それなら、異性カップルの「非婚同居」ならば事実婚として保護されるということなのだろうか。しかし、ここにも問題がある。法律上の事実婚として認められるためには、「婚姻の意思」がなければならない。当事者間の婚姻の意思をどう確認するのかも曖昧だが、裁判所は概して、同居の事実、両親への報告、結婚式の有無などを考慮して判断する。古い判例の中には、周囲の偏見のため両親に知らせず、結婚式も挙げないまま同居生活をして、二人のあいだに子どももいるにもかかわらず、最高裁が事実婚と認めなかった事例がある。[29] 現在でも曖昧な基準ではあるが、もし誰かが結婚を拒否して同居を選択したなら、裁判所は「婚姻の意思」がないため事実婚ではないと判断できる。しかし、婚姻の意思がないからといって、共同生活に保護を受ける必要性がないということを意味はしないのではないだろうか。[30]

最近、国会でも、さまざまなかたちの共同生活を保護しようとする動きがある。2023年4月、ヨン・ヘイン議員は「生活パートナーシップに関する法律案」を提出した。[31] この「生活パートナーシップ」は、二人のあいだで結ぶ契約関係に近く、相手の家族との姻族関係を発生させない。その一方で、結婚のように同居・扶養・協力の義務、日常家事に関する代理権と債務に対する連帯責任などを付与し、共同養子縁組をも可能にする。それとともに、社会保険の年金受給、健康保険の被扶養者としての認定、配偶者の出産休暇と介護休業の認定、所得税の扶養控除、家庭内暴力からの保護などが可能になるように、関連する法改正を行うとした。続いて5月、チャン・ヘヨン議員は、同名の生活パートナーシップ法案とともに、同性婚を認める民法改正案（婚姻平等法）、法律婚以外の出産を支援する母子保健法改正案（非婚出産支援法）など、通称「家族構成権三法」を提出した。[32]これらの法案を機に、国会でも新しい家族の形態についての議論が深まることを期待したい。

しかし、このような期待に、どれほど希望を持てるのかはまだわからない。本書で語ってきたように、国家は長いあいだ、家族生活に対する憲法的責務を個人の道徳性に帰責し、制度の改善に向けた努力を怠ってきた。韓国社会が家族の「解体」や「崩壊」を論じ、個人の責任をあげつらっているあいだ、家族生活を保障すべき国家の責任は隠蔽されてきた。そして家族は、国家経済のために人材資源を供給する社会単位とみなされていた。少子化を危機だと言いながらも、人を労働力としての「人口」としか考えず、「出産は愛国」という言葉を平気で口にするほど、人を道具化することに社会は慣れてしまった。家族政策と人口政策を同一のものとして扱う政府の鈍感さのもとでは、この地上に人が生まれなければならない理由は、ますます消えてしまう。

チャン・ギョンソプは、「家族道徳」の回復を強調する政治の方向性の裏に、国家が社会保障の責任を縮小し、それを正当化しようとする意図が隠れていると見た。[33] 実際に、公的部門における韓国の財政支出は低水準だ。OECDの統計によると、2022年時点で国内総生産(GDP)に対する公的支出の割合は、フランス31・6%、ドイツ26・7%、日本24・9%、スウェーデン23・7%、英国22・1%などであり、OECD平均は21・1%である。それに比べて、韓国の公的部門の支出はGDPの14・8%に過ぎない。[34] 韓国は、社会保障に必要な費用を節約し、家族にケアの責任を負わせることで、労働生産性を極限まで高めることに力を尽くしてきたのだ。

そして企業も、長いあいだケアの責任を回避し、その恩恵を享受してきた。ケアを「私的な」家族の問題として分離し、主に女性によって担われる目に見えないケア労働に頼った結果、企業はケア責任を気にせず、労働者の労働力を最大限まで活用することができた。企業はケアの責任を負う必要がないとする認識のもとで、結婚と育児を理由に女性は差別され、男性は長時間の過重労働を強いられた。それなのに、国家の「家族政策」は依然として、家族に共同生活を送るための時間を持たせるような制度を設けることよりは、子どもを育児支援施設に預けることで、国家と企業が労働力を確保できるようにすることに集中している[35]。家庭内のケアを、国家と企業も含む私たち全員の責任であり、個人の権利として認識し、連帯することによってこそ、ケアの不平等な配分を是正することができるだろう。

たしかに難しい問題ではある。多様な家族の現実と変化によって制度を改善し（再）設計する一方で、必要な財源を確保することは、数多くの人々の研究やアイデアを必要とする巨大なプロジェクトだ。しかし、それはほかの制度も一緒だ。私たちは、変化する社会に敏感に反応し、代替案を出すことを「政策」と呼んでいる。少なくとも、ひとつだけはたしかだ。「嫁が男だなんて！」のスローガンに同調して、既存の家族秩序を維持することは「政策」ではない。私たちはいま、性別が人の人生を規定した時代を過去のものとし、不条理な家族の脚本から離れて、みんなの尊厳を守り、平等な家族生活を保障するための政策を必要としている。

エピローグ　マフィアゲーム

ソウルの地下鉄の路線図を全部覚えていた少年がいた。彼はとくに4号線に精通していた。

「恵化《ヘファ》駅の次の駅は？」

「漢城大入口駅！」

隣にいた誰かが答えを叫んだ。1990年代末、地下鉄の車内でチラシを配り、いわゆる「エンボリ」〔暴力団・犯罪組織などの命令に従って物売りや物乞い、万引きなどで稼ぎを上納する子ども〕をしていた少年たちだった。一日中、始発駅から終着駅まで地下鉄の路線図を覚えるのが趣味だったあの少年は、当時10歳くらいだったはずだ。天才だったんじゃないかって？　さあ、わからないが、少なくとも知能検査の結果は低い数値だった。学校にほとんど通っていなかったせいか、言語理解の部分でうまく答えられなかったようだ。

あなたは、地下鉄で物乞いをする人が渡すチラシを見たことがあるだろうか。チラシには、両親を失い児童養護施設に預けられたとか、家族が病気になったといった話が書かれていて、自分の苦しい現状を訴える。この「お決まりの」ストーリーを見て、怪しいと思った人もいるはずだ。「そんなの嘘でしょう?」と。かれらの背後にある身の上話を、すべて知ることは私にはできない。ただ、地下鉄の路線図を覚えていた少年たちを通じて、少しは学ぶことができた。チラシの内容がすべて事実とは言えなくても、ある程度の真実はその中にあった。それは、帰るべき家族がいないということだった。

家族がまったくいないという意味ではない。家族がいても、家に帰りたくないと思ったり、帰ってもむしろつらくなるような複雑な状況を意味する。当時、児童福祉施設に勤める新米の社会福祉士だった私の仕事は、かれらをできるだけ「家族のもとに帰す」ことだった。あまり成功したとは言えない気がする。かれらを家族のもとに帰しても、ふたたび地下鉄で出会ったりしたからだ。いまになって思うことだが、私が少年たちを必死に帰そうとした(法律上の)「家族」は、かれらの(現実的な)「家族」ではなかった。当時このような考えをしたとしても、あまり変わることはなかっただろう。法律が定める家族のもとに帰ることができない児童にとって、未来とは漠然とした、先が見えないものだった。

家族そのものが不平等だという事実、また、そのような家族によって個人のあいだに不平等が生じるという事実を、私たちはみな知っている。私が学んだ「社会福祉実践」という学問も、考えてみれば結局、主に家族の「失敗」を経験した人々に対する支援の方法を探求するものだった。私は、居場所がなく一人で生きて成長している街の子どもたちを助けたいという気持ちで、最初の職場を選んだ。しかし、家族の「機能」を回復させるために役立つと謳った理論は、一部の（まだ状況のましな）家族には効果があったものの、現実は理論とは大きく違った。社会福祉士たちの多くは、家族が「解体」された人々を助けようと最善を尽くしたが、家族の外の社会は、家族のありようが「異常」な人々に対して冷酷だった。

これらすべての不幸な物語の中で、ほとんど常に原因は家族にあった。家族という制度の問題ではなく、「まとも」でない「異常」な、その家族が問題だとする考え方。それによって、解決を求める対象も、その「問題のある」家族自身となった。制度や慣習としての家族は不変の定数であり、自分の意思でも他人の意思でも、模範的な家族の姿になれなかった家族が「更生」の対象だった。家族の機能を回復すれば、すべての問題が解決されるのではないかと期待したが、多くの場合それは最初からすでに失敗したプロジェクトだった。家族の機能を「回復」させるということは、そもそも不平等をつくりだす家族モデルを正当化し維持する回路の一部に過ぎなかったからだ。そうしているあいだに経済危機が押し寄せ、さらに多くの家族が厳しい経済状況に直面し、バラバラになっていった。

その後だいぶ時間が経った。しばらくは「金のスプーン」「泥のスプーン」（親の財力で子どもの階級や人生が決まることを指すネットスラング。日本の「親ガチャ」に近い）といった隠喩があちこちで使われ、最近は「親チャンス」〔親の財力やコネを利用すること〕を悪用した事件で世間が騒がしい。エリートの親が、自分の名声や財力、ネットワークを利用して子どもに有利なスペックや学歴を与え、子どもが過ちを犯しても懲戒や処罰を免れさせたというケースをしばしば耳にする。このような事件は、犯罪の事実が明らかになれば処罰されることもあるが、世間を騒がせるだけで、時間が経つと自然に静まることも数え切れない。人々はこのような現実に納得することもある。「能力がなければ、お前の親を恨め」という誰かの言葉に憤りを感じながらも、だから自分は親になれないと思う人もいる。十分な能力がないのであれば、いっそ子どもを産まないことこそが、いまの時代においては「良い親」だというアイロニーなのだ。

「親チャンス」が公正性を阻害するという批判の声も上がっている。世間をひっくり返すような激しい論争が引き起こされることもある。しかし、家族の不平等に対する根本的な考察にまでつながることはあまりない。親チャンスを批判する人も、自分の家庭に戻れば、わが子のために最善を尽くす。ほとんどの人は——進歩派か保守派かを問わず——子どものために自分が持つ最大限の権力を使うことを、当然か、仕方ないと思うか、あるいは誇らしく思う。各々が持つ「最大限の権力」の度合いが異なるだけで、誰もが機会の許す限り親の力を子どものために使おうとする社会で、公正性という価値はどれくらい有効なのだろう。

合計特殊出生率はますます落ちて、いまや1を下回る時代になり、出生数は1970年の

100・7万人から1995年に71・5万人、2010年に47万人、そして2022年には24・9万人となった。[1] 人口減少は首都圏以外の地域により大きく影響を与え、地域消滅のおそれもあると指摘されて久しい。そんななか、2023年3月に国会では、女性の家事・育児負担を減らし、少子化対策に資するとして、最低賃金が適用されない外国人の家事労働者を導入する法案が提出された。[2] 海外から安い労働力を受け入れようとする「現代の奴隷制」という指摘とともに、このような措置によって、家事労働の価値がさらに切り下げられ、女性に対するジェンダーバイアスを強化するという批判が起きた。果たして出生率上昇につながるのかという根本的な論争が提起されるなか、ソウル市は家事支援を行う外国人労働者の導入に向けた試験事業を行うとした。[3]

家族がきちんと「機能」するよう支援するということの発想に、既視感を覚えて首をかしげた。このような政策は一見、家事労働の負担を軽減し、女性に役立つように見えるが、本当に女性のための政策なのだろうか。本書で述べてきたように、「子どものために」と美辞麗句を並べて「未婚の母」に国際養子縁組をうながし、理想的な母親像を掲げて、性別役割分業を神聖なものとみなしてきた長い歴史を考えれば、「家族のため」という大義名分の裏に隠された意図、あるいは効果を疑う必要がある。女性は本当に、自分の労働時間を確保するために、ほかの女性に子どもを預けたいと思うのか。その結果として、あなたの子どもの面倒をみる外国人女性労働者が、また別の女性にわが子を預けざるをえない、国境を越えた負の連鎖をどうすればよいのか。この政策は果たして誰のためのものなのか？

少し質問を変えて、もう一度尋ねてみよう。この政策によって得をするのは誰なのか？　マフィアゲーム〔市民チームと少数のマフィアチームが互いの正体を隠しつつ攻防するパーティーゲーム。日本の人狼ゲームに似ている〕のように、市民を装った「マフィア」を探してみよう。政策の前面に出てはこないが、実際は政策を通じて利益を得る者たち。たとえば企業はどうか？　外国人の家事労働者を導入することで、家族の生活が改善されるかは不明だが、企業はよりたやすく〔女性の〕労働力を確保できるようになるだろう。ならば政策論議の中で、なぜ企業はプレーヤーではないのだろうか？　仮に企業の役割を、定数ではなく変数として考えるならば、人々が家庭内のケアにより多くの時間を費やすことができるように、企業の行動を変えるための政策を先に考えることもできるはずだ。

私たちが経済成長に向けて取り組んできた年月のあいだ、産業は国家の中心のように考えられ、国家は産業のために優秀な労働力を生産し供給することに注力してきた。その長年の努力と成果を否定するつもりはないが、韓国が先進国入りしたと言われる今日、その過程で残された負の遺産を振り返る必要はあるのではないだろうか。ずいぶん長いあいだ家族は、お互いをケアしながら絆を分かちあう時間を犠牲にして、産業のために必要な人材を生産し育成することに力を注いできた。「優秀な人材」を「育成」するという、あらためて考えてみれば人間を道具扱いするこの不気味な言葉にも慣れて、家族もまた、そのような目標に向けて（不本意ではあっても）邁進しながら生きてきた。

そして、家族も企業も同じく、経済状況が厳しくなれば、経済的基盤が脆弱な家族から先に崩れてゆく現象を引き続き経験してきた。人の労働力を最大限に引き出し利益を生むことを美徳と考える産業社会は、家族がお互いを世話するための身体を奪い、その責任を家族に帰してきた。私が地下鉄で出会った「家族のいない」子どもたちも、これから結婚の外での人生を計画する若者たちも、この社会が正解だと信じてきた家族制度が、序列をつくりだす経済的不平等とほとんど一致する体制であることを示している。それでも、家族の「解体」を憂慮し、「異常」な家族を選別する政策は、必然的に不平等の拡大に拍車をかけ、結果的にその不平等によって、人が生まれ育つことを困難にする環境をつくっている。

そんななかで、あえて結婚制度の中に入ってこようとする性的マイノリティの要求は、不思議に見えるかもしれない。本書では、同性婚の実現によって既存の家族制度が動揺することを懸念する人々の話を扱ったが、実は、逆のことを心配する人々もいる。家族の意味を更新するべき時代に、同性婚を求める主張によって、むしろ既存の家族制度をふたたび延命させるのではないかという懸念である。同性カップルが結婚するからといって、異性カップルの結婚が変わるわけでもないので、結婚をめぐる問題はそのまま残るようにも見える。しかし本書で述べてきたように、家族という制度と慣習の中で、性的マイノリティの存在が投げかけるトピックはより本質的なものだ。それは、私たちが見慣れた家族の脚本をしばらく脇に置いて、一緒に考えるよう社会に問いかけるからだ。家族とは何か——私たちは誰のために、そして何のために家族をつくるのか？

本書で引用してきた文献に見られるように、すでに数多くの研究者と活動家たちが、家族制度を批判的に研究してきた。驚くほど豊富な研究の数々を感服しながら読み、それらをまとめながら思った。なぜ家族制度についての議論は、政治的に重要な話題にならないのだろうか。家族生活が、国家のもっとも重要な議題にならない理由は何なのだろうか？　韓国社会において、経済や国防、教育などのほかの議題に比べ、家族の問題を重要ではないように扱う観念そのものが物語る現実がある。家族は依然として国家のために有用な人材を生産する手段であり、憲法が求める「家族生活の保障」は、いまだ国家の目標ではないということだ。

合計特殊出生率が1を下回る時代は、こんなにも理不尽かつ不平等な社会で、それでも子どもを産むよう国家が求めるという、無茶な要求とともに続いている。いま韓国社会の少子化が国家的危機だとすれば、それは「人口」が減ったからではない。この社会が、よほどのことでないと人が生まれて暮らしていける場所ではないということを意味するからだ。多様なケアの共同体が、時間と心を分かちあい、幸せに生きていくことが難しい社会だということを意味するからだ。人口政策は家族政策ではないのに、これら二つの違いすら理解しない社会をふたたびくりかえしながら、私たちの時間は過ぎていく。そこで、あらためて尋ねたい。

そろそろ、家族の脚本から離れる頃合いではないでしょうか？

解説　空気のような存在としての家族、問題の因子である家族

梁・永山聡子（成城大学グローカル研究センター／ふぇみ・ゼミ&カフェ）

あるべき「家族」のシナリオを描くのは誰か？

本書は韓国・江陵原州大学校多文化学科で教鞭をとるキム・ジヘ氏の著書『가족각본（家族脚本）』（チャンビ、2023年）の全訳である。

キム・ジヘ氏は、韓国の憲法裁判所や児童福祉施設等での勤務経験も持ち、性的マイノリティ、移民、貧困層、子どもなどの当事者へのリサーチを通じて、多様性と人権にまつわるさまざまな問題について発言している。初の単著である『선량한 차별주의자（善良な差別主義者）』（チャンビ、2019年）が大きな反響を呼び、日本でも『差別はたいてい悪意のない人がする』（大月書店、2021年）として翻訳出版され、日韓累計25万部を超えるベストセラーとなった。

前著が大きな話題となった著者の二作目の単著ということで、本書も出版されるなり、韓国

の家族制度・政策・文化の中に内包された差別と不平等を追及した意欲的な一冊として注目された。[1]「家族」は多くの人にとっては空気のように自然で、あまりにも聞き慣れた言葉でありながら、それぞれのイメージが強固に確立され、容易には揺るがない。[2]

現在の韓国社会においては、急速な少子高齢化を国家の存亡にかかわる問題と考え、既存の家族制度を維持・継続したい保守層が強固に存在する一方、社会的な差別を受けている女性や性的マイノリティ、貧困者、若者、外国ルーツの市民や移住労働者などを社会の一員として公正に位置づけるべきだとする議論が力をつけ、両者の対立が活性化している。そのような社会の二つの面を、「家族という脚本」というメタファーで貫くことで、ひとつの視野に収めたことが本書の画期性であろう。

模索する家族政策／「発見」された性的マイノリティ政策

現在、韓国で家族政策を中心的に担う省庁は女性家族部（「部」は日本の「省」にあたる）である。女性家族部は、1995年の第4回世界女性会議（北京女性会議）の方針に基づいて女性運動が要求し、設置された。ちなみに、同会議でもっとも参加者が多かったのは日本からであるにもかかわらず、残念ながら現在も日本には類似の省庁は存在しない。

韓国の女性家族部も、保革の政権交代のもとで改編を重ねてきた。その歴史は、韓国の家族政策の定まらなさの歴史でもある。北京女性会議後の1998年に金大中《キムデジュン》大統領直属の女性特別委員会が設置され、2001年に「女性部」、盧武鉉《ノムヒョン》政権の2005年に「女性家族部」となり、既存の保健福祉部から家庭内暴力などの所管事務を移管した。しかし、2008年に李《イ》明博《ミョンバク》大統領が政権に就くと、就任3日後に「保健福祉家族部」と「女性部」に分離・再編され、2010年には保健福祉家族部から家族・青少年業務が移管されて「女性家族部」に戻り、現在の体制となった。家族政策を「どこの省庁が管轄するか」、すなわち「国家にとって家族とは何か」という悩みが、たびたびの改編にあらわれていると言えよう。これは、「女性家族部廃止」が大きな争点となった2022年の大統領選挙と、その後の尹錫悦《ユンソンニョル》政権の家族政策にも引き継がれていく。

他方で、本書でも主題のひとつとなっている性的マイノリティの権利は、当初は女性家族部でも主題化されてはいなかったが、当事者団体の絶え間ない努力によって女性家族部内で徐々に議論されるようになった。韓国で唯一、性的マイノリティを保護する法律は国家人権委員会法である。2001年に正式に発足した国家人権委員会は、2007年前後までこの問題に関心を払っていなかったが、当事者団体の社会に対する持続的な要求と努力によって法制度的基盤が構築された。その結果、国家人権委員会法の第2条において「平等権を侵害する差別行為」の類型のひとつとして「性的指向を理由とする差別」を規定したことは大きな前進と言える。[3]

韓国社会における国家人権委員会の役割と意義について、法学者イム・ジボンは2006年に創設5年を振り返って「人権保障の要求を制度的に収斂させたという点で、前向きな意義を見出すことができる機関」であり、「市民が国家人権委員会にかける期待が高く、また国家人権委員会も仕事を怠ら」なかったと評価した。そして、「韓国社会に『人権』と関連した新鮮な議論を呼び起こし、社会的な公論化の過程を通じて、知らず知らずのうちに市民の意識構造に変化」をもたらしたと位置づけた。[4] なお、日本においても同様の人権擁護機関の必要性がたびたび国連などから勧告されながら、こちらもいまだに存在していない。

保革とも変えられない「家族」観

一般的に韓国社会は、日本に比べて、時の政権の指向性と市民生活が密接に関係していることが可視化されやすい社会だ。最大の要因は、時の社会（民衆）が求める政策を実現してくれそうな大統領（政権）を、投票行動を通じて有権者が選ぶことだ。民主化以降、数年おきに保守政党と進歩（革新）政党が交互に政権を担ってきたため、有権者は、選ばれた政権によって市民生活がガラリと変わる経験を知っている。だからこそ、自分ごととして真剣に政権を選ぶのである。民主主義国家であれば当たり前のことのようだが、日本社会に生きているとあまり実感できない感覚だろう。

しかし、そんな韓国社会でも、日々の生活に直結する「家族」をめぐっては、保守と革新がすっきりと二分される政治状況にはない。むしろ、保革いずれの政権であっても、本書で指摘されるように「国家は長いあいだ、家族生活に対する憲法的責務を個人の道徳性に帰責し、制度の改善に向けた努力を怠ってきた」(180頁)。

短い期間ながら韓国社会で生活・活動した経験上、筆者も同じ印象を持っている。保守的な政策や文化を批判し、変革を実践している2000年代前後生まれの社会運動関係者でも、家族については当たり前に存在するものであり、あまり「論争」するものではないと考える傾向があり、驚かされた。

もちろん、民主化以降、ジェンダー構造を問う運動を推進してきた原動力は、古い慣習・法律を解体し新たな制度や規範を創設することであり、その成果として、ジェンダー平等(ことに女性差別の是正)はある程度達成された。[5] しかし、そこで語られるジェンダー平等の大前提は、既存の異性愛規範のもとでの「家族」であり、心身が健康で、ある程度の学歴を獲得でき、異性愛者であるとともに、いずれ「母親」となることを期待されるなかでの「女性解放」であることは認めなくてはならない。

象徴的なのが、「自分はフェミニストである」と公言していた文在寅《ムンジェイン》前大統領(在任2018—2022年)の性的マイノリティをめぐる認識だろう。文在寅政権は、韓国史上最大のジェンダー平等政策を掲げて、さまざまな資源配分を行った。しかしその文在寅氏が、大統領選挙の期間中に「性的マイノリティは好きではない」と言ったことはあまりにも有名だ。この発言は批判されたと同時に、性的マイノリティに対して不寛容な有権者層の支持を得たとも言われ、進歩政党である「共に民主党」および社会運動勢力の支持基盤においても、性的マイノリティの人権に対しては関心が薄いという問題が浮き彫りとなった。

　さらに、政権に就いたのちも「(同性パートナーシップ制度に) 賛成でも反対でもない」などと発言して物議を醸した。2019年、韓国政府の公式外交行事である在韓外交団招待レセプションに、フィリップ・ターナー駐韓ニュージーランド大使が同性パートナーをともなって出席したことを受けて、記者から性的マイノリティについて聞かれた際には、「社会的に迫害や差別を受けてはならない」と強調したものの、「同性婚については国民的合意が優先されるべき」とし、積極的な発言を避けた。この発言の背景として、文大統領自身も支持層も、異性愛を前提とした「平凡な近代家族」が念頭にあるため、その規範から外れた人々を受け入れられないからだろうと分析されている。[6] 多様な分野で社会正義を実現させてきた文在寅政権ですら、歴史的・慣習的な「家族」のイメージに囚われ、家族規範を作りだす法律や政策の根本的な改革には消極的だったのである。

日韓で共通する「家族イデオロギーを守る」ことへの執着

本書では、もはや過去の遺産と思われていた家族制度をめぐる問題や、これまでも存在していたが社会の表面に出てこなかった性的マイノリティの家族形成への課題が列挙され、その根源や変革の必要性が説かれている。例として挙げられる事例は、どれも韓国社会に特有の課題ではなく、日本社会にも当てはまることに多くの読者が気づくはずだ。

たとえば、結婚は個人の自由と言われながら、「依然として家と家の結合とみなされ、結婚を通じて親孝行するという観念」(第1章、33頁)が残っているという問題。日本社会でも、「嫁」という呼称が平気で使われている現状から理解できるだろう。

また、世界の変化と日韓両国が大きくくずれているのが、「結婚と出産の絶対的公式」から派生する、婚外子差別やディンクスに対する冷ややかなまなざしだろう(第2章)。日本政府は少子化対策として巨額の婚活事業を行っているが、人々の答えが違うところにあることは言うまでもない。[7]

優生学に基づいた差別(第3章)はどうだろうか? 差別を生み出した優生保護政策は、日韓ともに1990年代後半に廃止になるも、政府は積極的な補償はせず、国連などの勧告、障害者団体からの追及、そして当事者による裁判により、2017年にはじめて日本政府は動き出した。優生思想は日本帝国主義の広がりとともに日本と朝鮮半島を覆い、その後も強固にありつづけている。現在は新たな優生思想として、「ブライダルチェック」（結婚前に妊娠可能か、遺伝性疾患があるかどうかなどの診断をすること）・着床前検査・新型出生前検査などが登場しており、あらためて克服しなくてはならない思想であることも共通している。[8]

そして、身分登録における性別変更のために求められる生殖機能喪失の手術要件（第3章）は、人間を「生殖」という基準のみで判断しているために大きな問題だ。欧米諸国では相次いで要件が縮小・廃止されている。日本でも手術をしたくない当事者たちが心身を悩ませている。[9]個人的には公的身分証明における性別登録は不要だと考えている。

また、強固な性別役割分業期待と女性教育のアイロニー（第4章）、性教育に対する保守派のバッシング（第5章）や、異性カップル同様の法的・社会的権利を同性カップルに付与すること（同性婚だけではない）への攻撃なども、日韓がともに克服しなくてはならない家族をめぐる問題だろう。それらに共通するのは、異性愛を前提とし、カップル主義であり、家族という単位の範囲や定義を国家が恣意的に決めていることだ。

本書を読み進めるほどに、韓国社会と日本社会との共通性を知ることができ、加えて、どのような人々が強固に家父長制を維持したいのか、どの部分を克服しなくてはならないかを教えてくれる。

２０２２年大統領選挙と「女性家族部廃止」論――多様な家族像の模索と否定

文在寅政権の最後の年にあたる２０２１年に、女性家族部が「第４次健康家庭基本計画（２０２１年～２０２５年）」（以下「第４次計画」）を発表して注目を浴びた。[10] この「第４次計画」は、戸主・戸籍制度廃止[11]（２００５年）以来、もっとも大きく家族制度に変化をもたらすはずだった。最大の特徴は、家族とは、家族構成員が生計または住居をともにする「生活共同体」であるとし、「日常的な扶養・養育・教育などが行われる生活単位をいう」と規定したことだ。血縁中心の家父長制を基盤にした現行民法で、「家族とは配偶者、直系および配偶者の血族、兄弟姉妹に限定[12]」されているのを抜本的に変化させるものであった。

#MeToo・#WithYou運動やジェンダー平等政策が大きな社会的うねりを見せている韓国社会においても、人々の意識の隅々まで行きわたった伝統／近代家父長制的制度と、それに基づく思考や慣習などを壊すことは容易ではないことは前にも述べた。その象徴が、法的に定められた家族の範囲であった（本書では１７５頁）。文政権の女性家族部は、この範囲から外れた「家族」への差別を、多様な家族形成を認めていくうえでの障壁と考えたのである。多くの女性たちや運動団体が声を上げてきた「事実婚にも法律婚と同様の法的権利を」という要求への応答でもあり、性的マイノリティのあいだでは、異性愛カップルに限らず、事実婚をステップに同

性婚へと解釈が拡大されることが期待されていた。
この「第４次計画」が実現すれば、民法改正までの道筋が見えていたが、２０２２年3月の大統領選挙によって政権交代が生じ、計画は頓挫することになった。文在寅氏の後任として出馬した「共に民主党」の李在明《イジェミョン》候補が有利と見られていたが、投票日の約2か月前、対立候補の尹錫悦氏はFacebookに「女性家族部廃止」（脇に小さく「兵士月給２００万ウォン」）というバナーを投稿し、その後これを最重要テーマとして選挙キャンペーンを展開した。
このような発信は、文政権における「過度なフェミニズム化」を恐れた有権者の支持をとりつける戦略であり、多くの有権者が尹錫悦候補に傾いたといわれている。とりわけ、経済的に困難な20代男性の中で、自分自身の不遇を、女性を優遇する社会政策の結果、いわゆる「逆差別」だと捉える言論が力を増していた。「イデナム」と称されたこの若年男性層は、その象徴としての「女性家族部廃止」を歓迎した。[13] また中高年の保守層も、「第４次計画」は伝統的な家族の価値を崩壊させるものだとして強く反対し、尹錫悦候補に投票した。[14]
政権交代後の２０２２年9月、尹錫悦政権のキム・ヒョンスク女性家族部長官は、第４次計画を大幅に見直し、家族の範囲の拡大方針を撤回すると発表した。[15] 女性家族部は現時点では存続しているが、伝統的な家族像を超えて家族の範囲を拡大することは、想像以上に困難な状況であることをあらためて示してしまった。

現実の家族の変化と市民の意識の乖離

いまだ解決しない家族をめぐる課題だが、韓国の市民はどう考えているのだろうか？　２０２０年の女性家族部の世論調査によると、「婚姻・血縁関係がなくとも、生計と住居を共有していれば家族」だと答える人が69・７％にも達している。[16]一方で、韓国保健社会研究院が２０１７年に発行した『多様な家族に対する制度的受容性向上方案』によれば、さまざまな家族に対する社会的偏見が「ある」と答えた人は90・５％にも上った。また、２０１８年の一人親家族実態調査では、一人親家族の約16％が差別を経験し、単身世帯と非法律婚世帯は、住居支援や税制恩恵などのあらゆる福祉制度から疎外されていた。また、外国ルーツの家族への支援が日本よりはあるといわれている韓国だが、２００８年に「多文化家族支援法」が制定されたものの、調査では、外国にルーツを持つ人々（結婚移民や、他の国籍から韓国国籍を取得した者）の被差別経験は、本人が30・９％、子どもが９・２％であった。[17]

だが、実際の家族のすがたは急激に変化している。２０２０年の国勢調査では、結婚していない恋人や友人どうしが住む非親族世帯が47万余世帯に達し、２０００年に39万人だった非親族世帯員は、20年間で１０１万５１００人と１００万人を突破した。養子縁組家族と同性カップルも増加傾向にあることが発表されている。[18]

当事者たちが司法に訴えた事例も少なくない。2020年に、結婚制度をめぐり注目を集めた裁判があった。ある女性が、同居していた公務員のパートナーが死去した際に、長期間別居し生活実態のない法律上の妻に遺族年金が給付されたことに疑問を持ち、裁判に訴えた。裁判所は、同居の実態のあった女性に遺族年金を支給しなければならないという判断を出した。異性愛カップルのケースではあるが、法的な婚姻関係よりも生活実態を優先した判断として、画期的判決といわれた。

近年では、性的マイノリティの運動団体を中心に、いままで以上に生活における差別を問題として社会や政府に訴えつつ、同時に生活支援（職場、住まい、親との関係仲介）などの活動も活発化している[19]。当事者の訴えと社会運動の地道な活動が、着実な変化をもたらしていることも忘れてはならない。

既存の画一的な家族のありかたを壊す方法

本書を読むと、あらためて日韓の社会で「家族」がいかに聖域化されていたのかを痛感させられる。そして、画一的な家族観は、差別や不平等を生み出す構造を支えているにもかかわらず、なかなか社会的にはその問題点を理解されにくいことにも気がつかされる。

筆者自身、日本の大学で教えながら、とくに10代や20代の若者と話をする機会が多いが、想像以上にかれらは既存の家族観を内面化している。抑圧装置として家族を見る視点を伝え、自分の家族を相対化することを提案すると、共感よりも困惑が返ってくることが多い。つまり「家族」を客観的に見ることや、「正しい」とされる家族像に疑いの目を向けることは、多くの人にとって困難なことなのだ。

しかし同時に、これほどまでに日韓で共通する課題をかかえているのであれば、ともに知恵を出しあって運動し、変革していけそうな予感もある。幸いなことに、現在の若い世代の多くは韓国の大衆文化のみならずライフスタイルが大好きで、大事な隣国として大きな影響を受けている。日本と韓国の社会運動を含む市民社会が行動することで、「壁」を壊すために一緒に歩めるチャンスかもしれない。

注

1 「家族は当たり前なのだろうか？　挑発的な質問を投げかける『家族脚本』」「OhmyNews」２０２３年8月22日（韓国語）https://www.ohmynews.com/NWS_Web/View/at_pg.aspx?CNTN_CD=A0002954169

2 「この国の無茶苦茶な『家族脚本』はなぜ修正されないのか？　家族制度の中の差別と不平等を指摘した『家族脚本』を発表したキム・ジヘ教授インタビュー」『ハンギョレ21』（韓国語）https://h21.hani.co.kr/arti/society/society/54226.html

3 柳姃希『あいまい化する〈当事者〉たち——韓国セクシュアル・マイノリティ運動から考えるコミュニティの未来』春風社、2023年、35〜40頁。

4 イム・ジボン「韓国社会と国家人権委員会」『公法研究』第35巻2-2号、韓国公法学会、2006年、1〜29頁(韓国語)。

5 熱田敬子、金美珍、梁・永山聡子、張瑋容、曹曉彤編『ハッシュタグだけじゃ始まらない——東アジアのフェミニズム・ムーブメント』大月書店、2022年。

6 「外交官同性カップルに会った大統領…差別禁止法はいつになるのか」『ハンギョレ新聞』2019年10月22日(韓国語) https://www.hani.co.kr/arti/society/society_general/914075.html

7 ポリタスTV編、山口智美、斉藤正美著『宗教右派とフェミニズム』青土社、2023年。

8 柘植あづみ『生殖技術と親になること——不妊治療と出生前検査がもたらす葛藤』みすず書房、2022年。洪賢秀、大久保豪「東アジアにおける出生前遺伝学的検査の経験と認識——意識調査を手がかりに」『明治学院大学社会学部付属研究所年報』第51号、2021年、159〜170頁。

9 吉野靫「メスと制度が切り裂くものは——トランスジェンダーの語りと『性同一性障害特例法』」『シモーヌ』第7号、2022年、87〜92頁。

10 女性家族部「第4次健康家庭基本計画(2021年〜2025年)」2021年4月29日 http://www.mogef.go.kr/mp/pcd/mp_pcd_s001d.do?mid=plc503&bbtSn=704886 女性家族部は2004年制定の「健康家庭基本法」について5年ごとに見直しを行っているが、そのための計画骨子である。

11 日本においては家族を規定する戸籍制度が未だに存在する。その問題点については遠藤正敬『戸籍と国籍の近現代史——民族・血統・日本人(第3版)』(明石書店、2023年)が詳しい。

12 民法第779条(家族の範囲)全文改正、2005年3月31日。

13 金美珍「韓国の大統領選挙とフェミニズム」『f visions』第5号、アジア女性資料センター、2022年。

14 「廃止の機運に…『仕事と家庭の両立』部署新設も中断」『ハンギョレ新聞』2024年3月1日 https://www.hani.

co.kr/arti/society/women/1130520.html

15 定期国会で健康家庭基本法改正案を不受理とし、家族を「婚姻・血縁・養子縁組により成立する社会の基本単位」とする現行の規定を維持する保守的立場に回帰した。参考「『事実婚・同棲、家族として認めない』立場を変えた女性家族部――なぜ?」『京畿新聞オンライン』２０２２年９月24日（韓国語）https://www.khan.co.kr/national/national-general/article/202209241457001

16 女性家族部「家族の多様化に関する国民世論調査結果」２０２０年 http://www.mogef.go.kr/nw/prd/nw_prd_s001d.do?mid=news409

17 韓国統計庁「２０１８年多文化家族実態調査」https://kostat.go.kr/board.es?mid=a10409060100&bid=67&tag=&act=view&list_no=428733&ref_bid=

18 同前。

19 「家主がトランスジェンダーだと知って契約破棄…『スイートホーム』はどこ?」『ハンギョレ新聞』２０２３年２月24日 https://www.hani.co.kr/arti/society/rights/1081110.html

梁・永山聡子（やん・ながやま・さとこ）

成城大学グローカル研究センター研究機構客員研究員、専修大学ほか非常勤講師。専門は社会学、ジェンダー・フェミニズム研究、社会運動論、朝鮮半島史と社会運動。ふぇみ・ゼミ&カフェ運営委員、１９２３関東大震災朝鮮人大虐殺を記憶する行動事務局。編著書に『右傾化・女性蔑視・差別の日本の「おじさん」政治』（くんぷる）、『ハッシュタグだけじゃ始まらない――東アジアのフェミニズム・ムーブメント』（大月書店）、『「戸籍」――人権の視点から考える』（解放出版社）、『ガールズ・メディア・スタディーズ』（北樹出版）、『私たちの「戦う姫、働く少女」』（堀之内出版）ほか。

原注

（原文にあるＵＲＬは一部省略した）

プロローグ

1　市民運動団体「差別禁止法制定連帯」の活動家であるミリュとイ・ジョンゴルは２０２２年4月11日、国会前で差別禁止法制定を求めるハンガーストライキを始めた。５月26日までの46日間ハンストが続くあいだ、９００人の市民が現場を訪れストライキに参加し、ほかにも全国で連帯ストライキや一人デモなど、かれらを支持する市民の連帯があった。詳しくは差別禁止法制定連帯「[後続報道資料]差別禁止法制定を勝ち取るための46日間の座り込み＆ハンガーストライキまとめの記者会見〝政治の失敗だ。差別禁止法制定まで最後までたたかう〟」２０２２年5月25日（https://equalityact.kr/press-220526/　２０２３年5月30日最終アクセス）を参照。

1章

1　「〝同性愛ドラマ拒否、宗教論理をもって基本権を剝奪する没常識〟チャセギヨン、国民連合の同性愛ドラマ視聴拒否運動に反発　中断要求声明発表」『ニューズ＆ジョイ』２０１０年6月8日。

2　キム・ソンジュ「『美しき人生』は良かった」『ハンギョレ新聞』２０１０年11月14日。

3　「[社説]〝嫁が男だなんて〟ドラマの逸脱」『国民日報』２０１０年6月7日。

4　「同性愛を擁護すれば家庭は破壊されるのか？」『ハンギョレ21』第７４０号、２００８年12月18日。

5　世界価値観調査（World Value Survey：WVS）と欧州価値観研究（European Values Study：EVS）で同じ質問項目で調査を行い、韓国は世界価値観調査に第1次（１９８１～84年）から最近の第7次（２０１７～22年）まで参加してきた。本文で紹介した各国のデータとＯＥＣＤ平均および順位は、European Values Study and World Values Survey, Joint EVS / WVS 2017—2022 Dataset Results by Country, GESIS-DAS and JD Systems Madrid, 2022, pp. 412-13. に記された結果をもとに算出したものである。該当サイトは https://www.worldvaluessurvey.org/WVSEVSjoint2017.jsp（２０２３年４月16日最終アクセス）。２００１年の韓国と２０００年の日本に関する議論は、第４次（１９９９〜２００４年）世界価値観調査の国別結果のうち、World Values Survey, WV4_Results: South Korea, 2001, p. 44; World Values Survey, WV4_Results: Japan, 2000, p.79 を参照した。該当サイトは https://www.worldvaluessurvey.org/WVSDocumentationWV4.jsp（２０２３年４月16日最終アクセス）。

6　韓国の次はリトアニア２・８、トルコ２・１。ＯＥＣＤ38か国のうちベルギー、コスタリカ、チェコ、アイルランド、イスラエル、ルクセンブルクの６か国はデータがなく、残りの32か国での順位。

7　「며느리」ウリマルセム、国立国語院ウェブサイト。

8　チョ・ナムジュ「夫の実家に可愛がられたくて、自分を守れなかった瞬間たち　その〝地雷〟いつかは爆発しますよ？」『京郷新聞』２０１７月８日26日参照。国立国語院は「オンライン・カナダ」の掲示板に投稿された「嫁」の語源に関する質問に対し、「学者によって異なる解釈が可能であるが、明確な根拠がない」とし、15世紀にあらわれた「며늘」の意味と使い方について「返答を差し上げるほどの根拠資料がない」とし「現在としてはその意味がわからない表現」だと答えた（２０１８年11月２日、国立国語院オンライン・カナダ「嫁の語源に関する返答」）。

9　「婦」ＮＡＶＥＲ漢字辞典ウェブサイト。

10　日本語では配偶者の母親を「義母」または「姑」、配偶者の父親を「義父」または「舅」と、妻と夫のどちら側からも同様に呼び、相手の両親を呼ぶときは（自分の両親を呼ぶ用語と同様に）配偶者の母親を「お母さん」、配偶者の父親を「お父さん」と呼ぶ。ホン・ミンピョ「韓日親族呼称に対する社会言語学的研究――姻戚関係を中心に」『日本研究』第34集、２０１３年、１１２〜14頁、１１７〜18頁。

11　「嫁」『韓国民族文化大百科事典』韓国学中央研究院ウェブサイト。

12　ユ・ヒョンドン「風水説話に表れた女性の行為と内在的意味――『娘が奪った明堂』タイプと『嫁が台無しにした明堂』タイプを対象に」『語文論集』第77集、２０１９年、１０８〜11頁。シム・ミンホ「風水説話に表れた女性人物に対する考察――男性の観点から勝手に評価された女性たち」『ギョレ語文学』第37集、２００６年、１７８～79頁。

13 パク・ヒョンスク「説話に表れた『新しい家族を迎えること』に対する二つの視線――『嫁選び』と『婿選び』説話の比較」『句碑文学研究』第30集、２０１０年。

14 パク・ヒョンスク（２０１０）９頁。

15 「家父長制」『標準国語大辞典』国立国語院ウェブサイト。

16 David Herlihy, "The Making of the Medieval Family: Symmetry, Structure, and Sentiment," *Journal of Family History* 8(2), 1983, p. 118.

17 「家父長制」『韓国民族文化大百科事典』韓国学中央研究院ウェブサイト。

18 パク・ミヘ『儒教家父長制と家族、家産』アカネット２０１０、30～31頁。

19 「婚姻法」『韓国民俗大百科事典』国立民俗博物館ウェブサイト。キム・ソンスク「朝鮮時代の定婚に関する研究」『家族法研究』第20巻3号、２００６年、１８３～84頁、１９３頁、２２０頁を参照。

20 チャ・ソンザ「婚姻の意味転換と女性」『ジェンダー法学』第7巻1号、２０１５年、１１０頁。チョン・ドンホ『韓国家族法の改変脈絡』セチャン出版社、２０１４年、65～66頁。

21 現行民法（２０１１年３月７日法律第１０４２９号により改正されたもの）第８０８条（同意が必要な婚姻）「①未成年者が婚姻をする場合には親の同意を得なければならず、親のいずれかが同意権を行使できない場合にはもう一方の同意を得なければならず、親がいずれも同意権を行使できない場合には未成年後見人の同意を得なければならない。②成年被後見人は、父母若しくは成年後見人の同意を得て、婚姻することができる。」

22 Charlotte Christensen-Nugues, "Parental Authority and Freedom of Choice: The Debate on Clandestinity and Parental Consent at the Council of Trent (1545-63)," *The Sixteenth Century Journal* 45(1), 2014.

23 Charles Donahue, "The Canon Law on the Formation of Marriage and Social Practice in the Later Middle Ages," *Journal of Family History* 8(2), 1983, pp. 146-47.

24 Charlotte Christensen-Nugues（2014）pp. 53-55.

25 Charlotte Christensen-Nugues（2014）p. 55. 女性は17歳から25歳に、男性は20歳から30歳に成人年齢を引き上げた。
26 ユヴァル・ノア・ハラリ『サピエンス全史――文明の構造と人類の幸福』2015年、キムヨンサ、231頁（邦訳、河出書房新社、2016年）。
27 ハラリ（2015）224〜32頁。
28 「男尊女卑」『韓国民族文化大百科事典』韓国学中央研究院ウェブサイト。
29 「三従の道」『韓国民族文化大百科事典』韓国学中央研究院ウェブサイト。
30 メアリ・ウルストンクラフト『女性の権利の擁護（A Vindication of the Rights of Woman）』チェクセサン、2018年、41頁。
31 チャン・ギョンソプ『明日の終焉――家族自由主義と社会再生産の危機』集文堂、2018年、52頁。
32 憲法裁判所2005年2月3日、2001憲ガ9決定。ヤン・ヒョナによると、戸主制は日帝が朝鮮の家系継承制度を活用しながら日本の家制度を法律的に移植させた「錯綜」だった。ヤン・ヒョナ『韓国家族法を読む』チャンビ、2011年、167〜76頁。
33 「2005年に廃止されるまで世界で唯一だった〝戸主制〟」『記録で出会う大韓民国』行政安全部国家記録院ウェブサイト。
34 アン・ヒョジャ、チョン・ヒャンイン「ベトナム出身の嫁を迎えた農村地域の姑の適応過程」『看護行政学会誌』第20巻1号、2014年、28〜31頁。カン・ヘギョン、オ・ソンヨン「結婚移民者家庭の姑と嫁の葛藤の脈絡的要因に対する探索的研究――姑と嫁のインタビューを中心に」*Family and Environment Research* 52(4), 2014, pp. 360-67など参照。
35 ナ・ユンジョンほか『社会的コミュニケーションのための言語実態調査』国立国語院、2017年、28〜29頁。
36 パク・チョルウほか『私たち、なんて呼んだらいいですか？』国立国語院、2019年、4〜5頁。国立国語院「[報道資料] 互いに尊重し配慮する呼称と名称：国立国語院『私たち、なんて呼んだらいいですか？』発刊」2020年4月2日。
37 同性婚を認めた国家を施行日・年度順に書けば次のようになる。オランダ（2001）、ベルギー（2003）、スペイン（2005）、カナダ（2005）、南アフリカ共和国（2006）、ノルウェー（2009）、スウェーデン（2009）、ポルトガル（2010）、アイスランド（2010）、アルゼンチン（2010）、デンマーク（2012）、ブラジル（2013）、フランス（2013）、ウルグアイ（2013）、ニュージーランド（2013）、英国（2014〜20）、ルクセンブルク（2015）、米国（2015）、アイルランド（2015）、コロンビア（2016）、フィンランド（2017）、マルタ（2017）、ドイツ（2017）、オーストラリア（2017）、オーストリア（2019）、台湾（2019）、エクアドル（2019）、コスタリカ（2020）、チリ（2022）、スイス連邦（2022）、スロベニア（2022）、キューバ（2022）、メキシコ（2022）、アンドラ（2023）以上、2023年5月現在。

2章

1　「合計特殊出生率」国家指標体系ウェブサイト。合計特殊出生率とは「15歳から49歳までの女性の年齢別出生率を合計したもの。妊娠可能年齢の女性（15〜49歳）一人が妊娠可能期間（15〜49歳）のあいだに産むと予想される平均の子どもの数」をいう。

2　OECD, "Fertility Rates"(indicator). OECD合計特殊出生率の資料（1970〜2021年）を見ると、韓国は2004年以来2回（2007、2012年）を除いてOECD国家の中で合計特殊出生率がもっとも低く、2018年から1未満となった。OECDの資料で1未満の数値があらわれた国は韓国が唯一で、2021年現在、合計特殊出生率が韓国の次に低い国はマルタで1・13である。

3　「[フル映像] KBS招待2018年地方選挙ソウル市長候補公開討論会」『KBS News』2018年5月31日（https://www.youtube.com/watch?v=zENmA0zQyfY　29：48〜31：15　2023年4月19日最終アクセス）。

4　保健福祉部『2023年　母子保健事業案内』97〜98頁。「『非婚出産』違法ではないが、精子提供・施術費助成制度はない」『聯合ニュース』2020年11月19日。

5　OECD Family Database, "Fertility Indicators: SF2.4 Share of Births Ourside of Marriage."「婚外出生率」とは、当該年度のす

べての出生児のうち、出生当時、母が婚姻状態でない場合（独身、非婚同居、離婚・死別、事実婚関係）の割合で定義される。ただし日本、韓国など一部の国は、出生児の両親が互いに婚姻関係で登録されていない場合を指す。

6　ホ・ギュン『洪吉童伝』民音社、２００９年、16頁。

7　ソン・ギホ「庶子差別」『大韓土木学会誌』第55巻5号、２００７年、74～75頁。

8　ソン・ギホ「妻と妾」『大韓土木学会誌』第54巻10号、２００６年、１１１頁。

9　ソン・ギホ（２００７）「庶子差別」74頁。

10　クォン・ネヒョン「朝鮮後期の同姓村落構成員の通婚様相」『韓国史研究』第１３２号、２００６年、１２４～１２５頁。庶子28％以外は嫡子71・３％、不明０・７％だった。

11　ソン・ギホ（２００７）「庶子差別」75頁、78頁。

12　「庶孽禁錮法」『韓国民族文化大百科事典』韓国学中央研究院ウェブサイト。イ・ジョン「『洪吉童伝』の中の家庭内での庶孽差別待遇の実情とその解消の意味――庶孽疎通の歴史的展開過程に注目して」『東アジア古代学』第34集、２０１４年、１５７頁。

13　シン・ヨンジュ「朝鮮中期の庶孽知識人の疎外と文学的対応」『東方韓文学』第67集、２０１６年、31～34頁。

14　ホン・ヤンヒ「〝父親のいない子〟その〝烙印〟の政治学――植民地時代の〝私生児〟問題の法的構造」『アジア女性研究』第52巻1号、２０１３年、42～47頁、57頁。当時、朝鮮戸籍令で規定する「嫡出子」以外の出生には「私生児」と「庶子」があったが、「私生児」は父親が自身の子を認知する法的手続きをとると「庶子」として戸籍に入籍された。

15　旧民法（１９５８年2月22日法律第４７１号として制定され、２００５年3月31日法律第７４２７号により改正される前のもの）第９８５条第1項（戸主相続）「同順位の直系卑属が複数人いるときは近親者を先順位とし、同親等の直系卑属の中では婚姻中の出生者を先順位とする。」

16　イ・ギョンヒ、ユン・ブチャン『家族法』10訂版、法院社、２０２１年、１８１頁、１８８～94頁。ユン・ジンス『親族相続法講義』第3版、パクヨン社、２０２０年、１８７頁、１９１～93頁。

17　Solangel Maldonado, "Illegitimate Harm: Law, Stigma, and Discrimination against Nonmarital Children," *Florida Law Review*

63(2), 2011, p. 351; Victor von Borosini, "Problem of Illegitimacy in Europe," *Journal of Criminal Law and Criminology* 4(2), 1913, p. 234.

18 国立国語院の『標準国語大辞典』によると「ホレザシッ」は「ホル（一人）＋ウィ（～の）＋ザシッ（子ども）」を語源とし、発音が変形して「フレザシッ」としても使われる。

19 Serena Mayeri, "Founding Fathers: (Non-) Marriage and Parental Rights in the Age of Equality," *The Yale Law Journal* 125(8), 2016, p. 2303.

20 Stanley v. Illinois, 405 U.S. 645, 658 (1972).

21 Gomez v. Perez, 409 U.S. 535, 536-538 (1973).

22 Kerry Abrams and Peter Brooks, "Marriage as a Message: Same-sex Couples and the Rhetoric of Accidental Procreation," *Yale Journal of Law & the Humanities* 21(1), 2009, p. 9.

23 Kerry Abrams and Peter Brooks（2009）p. 9.

24 Harry D. Krause, "Equal Protection for the Illegitimate," *Michigan Law Review* 65(3), 1967, p. 499.

25 「出生届の受理を拒否された未婚父、父親になることをあきらめない」『ハンギョレ新聞』２０２０年２月22日。通称「サランちゃん法」は「家族関係の登録等に関する法律」第57条を改正したもの（２０１５年５月18日法律第１３２８５号、同年11月19日施行）で、従前の法が「夫が婚姻外の子に対して実子の出生届を出した際には、その届出は認知の効力がある」と定めたことに加えて、母親の氏名、登録基準地、住民登録番号等を確認することができない場合、裁判所の確認を受けて父親が代わりに申告できるように手続きを明示した。以後、２０２１年３月16日法律第１７９２８号により改正された法（同年４月17日施行）では、母親を特定できなかったり、母親の所在不明または協力拒否などの困難があった場合に、父親が裁判所の確認を受けて出生申告ができるよう明示した。

26 憲法裁判所２０２３年３月23日２０２１憲マ９７５。「妻が婚姻中に妊娠した子は夫の子として推定」（民法第８４４条第１項）されるが、この推定を破って子の母親の法律上の夫ではない生父が子の「実父」であると関係を認められることは不可能に近い。それでも「家族関係の登録等に関する法律」で、生父が子どもとの関係を認められることを前提として出生申告の手続きを用意することにより、このような子の出生申告が不可能になったことに対して、憲法裁判所が憲法不合致（違憲）としたのである。したがって、生父が法的に実父として認められなくても、生父という確認を通じて出生届を出せる方法や、医療機関などを通じた実効性のある出生登録手続きを用意するという趣旨で、法律を改正した。

27 「非婚父も子どもの出生届を出すことが可能に…サランちゃんのパパ、キム・ジファン代表〝子どもの基本権が認められたことに感謝〟」『女性新聞』２０２３年３月30日。

28 ２０２３年６月30日に国会で可決されたこの法案は、「家族関係の登録等に関する法律」の改正案で、医療機関の長が児童の出生情報を健康保険審査評価院に提出し、同院が市・邑・面の長に出生事実を通知するようにして、市・邑・面の長が出生届が出されていないことを確認した場合、監督裁判所の許可を受けて職権で出生登録できるとする内容。一方、クォン・インスク議員など38名は２０２２年６月28日、韓国内で出生した外国人児童のための出生登録手続きを設け、人権保障の基礎を用意しようという趣旨で「外国人児童の出生登録に関する法律案」（議案番号２１１６１６７）を提出した。普遍的出生登録に関する詳しい議論はキム・ヒジンほか『誕生日のない子どもたち』（スキマの時間、２０２２年）参照。

29 女性家族部「家族の多様化に関する国民認識調査」２０２１年、13頁。他の家族形態に対する受容度を見ると、「養子縁組された子ども」81・２％、「一人親家族の子ども」80・２％、「多文化家族の子ども」79・２％、「再婚家庭の子ども」75・１％などだった。

30 「〝出産が愛国〟女協の本末転倒」『ハンギョレ新聞』２００５年10月27日。

31 「出産が愛国だと？」『女性新聞』２００５年10月28日。

32 行政自治部「［報道資料］大韓民国出産地図（birth.korea.go.kr）のホームページ公開」２０１６年12月28日。

33 ハン・スウン『憲法学』第11版、法文社、２０２１年、１０７９頁。

34 ハン・スウン（２０２１）１０８０～88頁。

35 チェ・ジウン『ママにはならないことにしました――韓国で生きる子なし女性たちの悩みと幸せ』ハンギョレ出版、２０２０年、１１９頁、１９０頁（邦訳、晶文社、２０２２年）。

36 イ・ミンア「計画的に子どもを持たない家族――韓国社会で子どもを持つことの意味と家族主義の逆説」『韓国

社会学』第47集2号、２０１３年、１５４～70頁参照。

37 大韓民国政府『第３次少子高齢化社会の基本計画（２０１６—２０２０）』２０１５年、13～17頁。関係部署合同『第４次少子高齢化社会の基本計画』２０２０年、20頁。

38 ソン・ヒョジンほか『個人化時代、未来の家族変化に対応する包容的法制構築方案』韓国女性政策研究院、２０２１年、１８６頁。第７章でより詳しく扱う。

39 合計特殊出生率はOECD, "Fertility Rates"(indicator). 出生全体に占める婚外子の割合はOECD Family Database, "Fertility Indicators: SF2.4 Share of Births Outside of Marriage" を参照した。

40 ＫＢＳ視聴者センターウェブサイト「視聴者請願」。

41 「〝非婚出産を煽る〟さゆりの『スーパーマンが帰ってきた』出演反対に関する請願で甲論乙駁」『韓国日報』２０２１年３月28日。

3章

1 「生殖能力喪失手術を受けなくても性別変更が可能に…裁判所が初の許可」『聯合ニュース』２０２１年10月22日。

2 「性同一性障害者の性別取扱い変更申立事件などの事務処理指針」（２０２０年２月21日、家族関係登録例規第５５０号で改正されたもの）第６条第４号。

3 水原家庭裁判所２０２１年10月13日付、２０２０ヴ２０２決定。

4 ILGA-Europe「Rainbow Europe」(https://rainbow-europe.org/#0/8701/0　２０２３年６月28日最終アクセス）で提供された資料をもとに算出した数値。性別変更手続きを設けている国には、性別変更に関する法的手段および行政手続きがある場合を含めた。

5 European Court of Human Rights, A.P., Garçon and Nicot v. France, App Nos. 79885/12, 52471/13 & 52596/13 (2017. 4. 6.) pp. 123, 131-35. キム・ジヘほか『性的マイノリティ差別に関する海外立法動向および事例研究』国家人権委員会、２０２１年、３０３～３０４頁。

6　キム・ジヘほか（２０２１）２９６頁。Steering Committee on Anti-Discrimination, Diversity and Inclusion (CDADI), "Thematic Report on Legal Gender Recognition in Europe," Council of Europe 2022, p.20, pp. 23-27.

7　C. L. Quinan, "Rise of X: Governments Eye New Approaches for Trans and Nonbinary Travelers," *Migration Information Source*, 2022. 8. 17.「チリ〝第三の性〟の身分証明書発行へ…男性でも女性でもない〝ノンバイナリー〟〝Xジェンダー〟」『ハンギョレ新聞』２０２２年10月17日。キム・ジヘほか（２０２１）２９２頁。CDADI（2022）pp.35-36. ホン・ソンスほか「トランスジェンダーへの嫌悪差別の実態調査」国家人権委員会、２０２０年、27～29頁。

8　最高裁判所２００５年11月16日、２００５ザ２６決定。「姓名権は憲法上の幸福追求権と人格権のひとつを成すものであり、自己決定権の対象になるものであるため、本人の主観的な意思が重視されなければならない」。

9　当時「混血人」や「混血児」という用語は「（不純な）血が混ざった人」という意味合いで「純血」の韓国人と区分しようとする人種主義・民族主義的観念として使われた。出身の背景に複数の民族性がある人を指す用語を改善するために、後に「多文化」という用語が政策的に導入されたが、これもまた韓国人（韓国文化）を含む文化的多様性を意味するよりは、外国人女性と韓国人男性が結婚移民を通じて形成した特定の家族形態を典型化して指す言葉として使われ、批判を受けている。根本的に、人種・民族を基準に人を区分して指す行為自体が人種主義・民族主義的観念を内包する限界を認識しつつ、本書では他の代替案を見つけられないまま、朝鮮戦争後に人種・民族的血統を理由に差別された人々を指す用語として「混血人」「混血児」をそのまま使う。

10　「全国に４万人　成年になった混血児の悩み」『朝鮮日報』１９６６年４月28日。

11　「混血児のアメリカへの養子縁組に拍車」『東亜日報』１９６１年６月16日。

12　「全国に４万人　成年になった混血児の悩み」『朝鮮日報』１９６６年４月28日。

13　旧国籍法（１９４８年12月20日法律第16号により制定され、１９９７年12月13日法律第５４３１号により改正される前のもの）第2条第３号（「父親が定かでない時、または国籍がない時は、母親が大韓民国の国民である者」は大韓民国国民であると規定）。アリサ・H・オ『なぜその子たちは韓国を離れざるを得なかったのか』プリの家、２０１９年、89頁。キム・アラム「１９５０年代の混血人に対する認識と海外認識」『歴史問題研究』第22号、２００９年、51頁。

14 1948年12月20日制定の国籍法第2条第1号では「出生した当時に父が大韓民国の国民である者」を大韓民国の国民としたが、1997年12月13日に改正され98年6月14日に施行された国籍法第2条第1項第1号は「出生した当時に父または母が大韓民国の国民である者」は出生と同時に大韓民国の国籍を取得するとした。

15 「2005年に廃止されるまで世界で唯一だった〝戸主制〟」『記録で出会う大韓民国』行政安全部国家記録院ウェブサイト。

16 キム・アラム(2009)51~52頁。

17 「1000人余の混血児のうち100人余が就学」『朝鮮日報』1959年3月17日。

18 アリサ・H・オ(2019)191~97頁。

19 1948年7月17日、大韓民国制憲国会が公布した制憲憲法第20条は「婚姻は男女同等の権利を基本とし、婚姻の純潔と家族の健康は国家の特別な保護を受ける」と規定した。のちに1963年改正憲法で「婚姻は男女同等の権利を基本に」という内容が削除され「すべての国民は婚姻の純潔と保健に関して国家の保護を受ける」と定めた。その後1980年の改正憲法で「婚姻と家族生活は個人の尊厳と両性の平等を基礎として成立・維持されなければならない」とされ、個人の尊厳と平等の価値を含めた。1987年に改正された現行憲法第36条第1項は「婚姻と家族生活は、個人の尊厳と両性の平等を基礎として成立・維持されなければならず、国家はこれを保障する」とし、国家の保障義務を明示している。

20 ヤン・ヒョナ『韓国家族法を読む』チャンビ、2011年、248頁。

21 ヤン・ヒョナ(2011)309~10頁。

22 キム・アラム(2009)41~47頁。アリサ・H・オ(2019)86~91頁、192~204頁。

23 「一民主義」『韓国民族文化大百科事典』韓国学中央研究院ウェブサイト。

24 1948年12月20日に制定された旧国籍法第3条第1号で、外国人として「大韓民国の国民の妻になった者」は大韓民国国籍を取得できると定め、62年11月21日に改正された法では、同じ条項を維持したまま「国籍がないか大韓民国の国籍を取得することにより6カ月以内にその国籍を喪失することになる外国人」という要件を追加した。その後97年12月13日に改正された法(98年6月14日施行)でその条項を削除し、大韓民国国民と婚姻した外国人は、男女ともに韓国内で2年以上居住するという条件を設けて簡易帰化ができるように改正された。
25　アリサ・H・オ（2019）278〜79頁。
26　2012年に施行された「養子縁組特例法」は、過去の「養子縁組の促進及び手続に関する特例法」から「促進」を削除して法律名を変更し、従来民間企業によって行われていた養子縁組の手続に家庭裁判所の許可を必要とするなど重要な改正があり、これらの変化により国際養子縁組児童の数は減少した。統計資料は以下の資料を参照。保健福祉部「国別国際養子縁組現況（1958〜2015年）」、児童権利保障院（旧中央養子縁組院）、保健福祉部事前情報公表「国内外の養子縁組現況」（2016年から2021年までの年度別国内外養子縁組現況資料）。
27　チョン・ホンギへ「彼らは死んでいない子どもを心に埋めた」『プレシアン』2017年11月21日。キム・ホス「国際養子縁組と未婚の母、そして韓国の正常家族」『ビーマイナ』2019年5月2日。
28　ピーター・モーラー「国際養子の人たちが探し出した国際養子縁組の10の真実」『プレシアン』2022年12月2日。「国際養子縁組――国際養子たちはいつになったら真実と向き合えるのか」『BBC NEWS KOREA』2022年12月27日。『プレシアン』は真実和解委員会に調査を申請した国際養子たちの話を連載している。「372人の国際養子の真実を探して」（https://www.pressian.com/pages/serials/11901004000000027　2023年4月26日最終アクセス）。
29　真実和解委員会「[報道資料] 国際養子縁組の過程で行われた人権侵害事件34件に関する調査開始決定」2022年12月8日。
30　キム・ホヨンほか「障害者の母・父性保護の権利の増進を図るための実態調査」国家人権委員会、2018年、52頁。
31　国連障害者の権利条約、第23条第1項、「障害者に対する差別禁止及び権利救済等に関する法律」第28条第1項参照。
32　キム・ホヨンほか（2018）52頁。「国家と社会は障害者の母・父性権保障のために妊娠、出産、養育を支援しなければならない」。
33　チョン・ミギョン『近代啓蒙期の家族論と国民生産プロジェクト』ソミョン出版、2005年、40〜44頁。

34　アン・カー・トム・シェイクスピア『障害と遺伝子政治――優生学からヒトゲノムプロジェクトまで』グリンビー、2021年、61～62頁、77頁、131～44頁。

35　アン・カー・トム・シェイクスピア（2021）77～81頁、131～44頁。

36　シン・ヨンジョン「植民地朝鮮における優生運動の展開と性格――1930年代『優生』を中心に」『医史学』第15巻2号、2006年、134頁。

37　キム・ジェヒョン「疾病、烙印――無菌社会とハンセン病患者の強制隔離」ドルベゲ、2021年、134～42頁、209～14頁、248～57頁。「ハンセン病患者の涙を拭いてくれた最高裁…断種・堕胎の国家責任を初めて認めた確定判決」『ハンギョレ新聞』2017年2月15日。

38　キム・ホンシン「障害者への不法強制不妊手術の実態と対策に関する調査報告書」1999年8月19日。

39　旧母子保健法第9条（1973年2月8日法律第2514号として制定されたもの。以後1986年5月10日法律第3824号改正で手続きの一部修正を含めて第15条に移動し、1999年2月8日法律第5859号で最終廃棄された）によれば「医師が患者を診断した結果、大統領令で定める疾患になったことを確認し、その疾患の遺伝または伝染を防止するために、その者に対して不妊手術を行うことが公益のために必要だと認める時」に、所定の手続きを経て保健社会部長官が患者に不妊手術を受けるよう命令することができる。当時の施行令では、不妊手術を命じられる対象疾患として①遺伝的要因の統合失調症、②遺伝性双極性障害、③遺伝性てんかん症、④遺伝性精神薄弱、⑤遺伝性運動感覚神経症、⑥血友病、⑦顕著な犯罪傾向のある遺伝性精神障害、⑧その他の遺伝性疾患でその疾患が胎児に及ぼす発生頻度が10％以上の危険性がある疾患等を定めた。

40　制定当時、母子保健法第1条は「この法は母性の生命と健康を守り、健全な子の出産と養育を図ることで国民の保健向上に寄与することを目的とする」とした。現行法では「この法は母性および乳幼児の生命と健康を守り、健全な子の出産と養育を図ることで国民保健向上に資することを目的とする」と、「乳幼児」が追加されたこと以外にはほとんど変わっていない。

41　ソ・ヒョンスク「優生学の再臨と『正常・異常』の暴力――家族計画事業と障害者強制不妊手術」『歴史批評』第132号、2020年、268～71頁。

42　国家人権委員会「国連障害者の権利条約第2・3次国家報告書（案）に対する意見表明」2019年2月25日。

43　「障害者が結婚して幸せに暮らすのは夢のような話…（障害者の）出産を止めざるを得ない」『ソウル新聞』2019年4月18日。ナ・ヨンジョン「障害女性が再生産権利を勝ち取るということ」障害女性共感、2015年8月25日(https://wde.or.kr/?p=422　2023年4月28日最終アクセス)。

44　"The Nuremberg Race Laws," Holocaust Encyclopedia (https://encyclopedia.ushmm.org/content/en/article/the-nuremberg-race-laws　2023年4月28日最終アクセス)。

45　"Eugenics Legislation," Center for the History of Medicine at Countway Library (https://collections.countway.harvard.edu/onview/exhibits/show/galtonschildren/eugenics-legislation　2023年4月28日最終アクセス)。

46　Bárbara C. Cruz and Michael J. Berson, "The American Melting Pot? Miscegenation Laws in the United States," *OAH Magazine of History* 15(4), 2001, pp. 80-82; Walter Wadlington, "The Loving Case: Virginia's Anti-Miscegenation Statute in Historical Perspective," *Virginia Law Review* 52(7), 1966, pp. 1191-92.

47　1890年の人口統計を基準に人口構成比率によって移民を許可することで、後から流入した移民者を排除した。これに関する本文の内容は Rachel Silber, "Eugenics, Family & Immigration Law in the 1920's," *Georgetown Immigration Law Journal* 11(4), 1997, pp. 884-88, p. 893; "The Immigration Act of 1924 (The Johnson-Reed Act)," Office of the Historian, Foreign Service Institute United States Department of State. などを参考に作成した。

48　キム・ジヘ「家族移民制度の階層的構造と移住労働者の家族結合権制限についての批判」『法制研究』第58号、2020年、8～10頁、18～24頁。

49　一方、すべての移民の家族に対して滞在資格を認めるだけで、制度的な問題が完全に解消されるわけではない。家族関連滞在資格制度は、国が滞在資格を認める人（主な滞在資格者）がいて、配偶者と未成年の子など他の家族構成員に対して同伴が可能な滞在資格を認める方式で設計されている。すなわち、主な滞在資格を有する者によって他の家族の滞在資格が決定される構造だ。このような構造によって家族内に従属的な関係が形成され、従属させられた家族構成員が家庭内暴力や児童虐待にさらされる可能性がある。関連した議論として、クォン・ヨンシルほか「国際結婚移住女性および国際結婚で生まれた児童に対する家庭内暴力実態調査および制度の改善方案研究――外国籍家庭内の暴力経験を中心に」『国際結婚移住女性および国際結婚で生まれた児童に対する家庭内暴力実態調査および制度改善方案研究報告大会資料集』２０２３年４月27日、47～55頁参照。

50　Population Fund (UNFPA), "Report of the International Conference on Population and Development: Cairo, 5-13 September 1994," United Nations, New York 1995, A/CONF.171/13/Rev.1,7.　訳文は日本政府（総理府）仮訳。

51　キム・ドヒョン「出生前検査と選別的中絶」『ビーマイナ』２０１５年８月３日。

52　最高裁判所２０１７年２月15日宣告、２０１４ダ２３０５３５判決。

53　"Swedish Parliament to Pay Compensation for Forced Sterilisation of Trans People," ILGA Europe, 2018. 3. 22.

54　"Government Offers Apologies for Old Transgender Act," Government of the Netherlands, 2020. 11. 30 (https://www.government.nl/latest/news/2020/11/30/government-offers-apologies-for-old-transgender-act　２０２３年４月28日最終アクセス); Karolin Schaps, "Netherlands to Compensate Trans Victims of Forced Sterilisation," *Reuters*, 2020. 12. 2.

4章

1　当時の法律で、スーザンとタミーが母子関係のままヘレンがタミーを養子として母子関係を形成すれば、既存の母子関係が解消されて新しい母子関係だけが認められると解釈される余地があった。この事件でスーザンとヘレンは、共同でタミーの母親と認められることを望んでいたので共同養子縁組を申請した。二人がはじめて家庭裁判所に養子縁組を申請したのは１９９０年12月だが、本文では州最高裁の判決を理解するため、判決が下された１９９３年を基準に事実関係を記述した。

2　"Adoption of Tammy," 619 N.E.2d 315, 416 Mass. 205 (1993). キム・ジヘほか『性的マイノリティ差別に関する海外立法動向および事例研究』国家人権委員会、２０２１年、４３４～35頁。

3　Gary S. Becker, *A Treatise on the Family*, Enlarged Edition, Harvard University Press, 1991, pp. 3-4, pp. 30-79.（初版１９８１年）

4　女性家族部「２０２１年　両性の平等に関する実態調査主要結果要約」２０２２年、１～２頁。ちなみに該当質問に対する同意は30代（女性15・１％、男性30・０％）、40代（女性18・４％、男性37・２％）、50代（女性22・４％、男性40・0％）までは性別による差が大きく、60代（女性40・0％、男性47・5％）ではその差が大きくなかった。
5　統計庁「2000～2010年婚姻状態生命表」2013年、2～3頁、6～7頁。
6　KOSIS「期待寿命」統計庁。
7　A. L. Bowley, "Earners and Dependants in English Towns in 1911," *Economica* 2, 1921, p.106; Hilary Land, "The Family Wage," *Feminist Review* 6, 1980, pp. 60-61.
8　キム・ウィファンが17～18世紀の平山申氏一族の奴婢家族を調査した結果、424家族のうち単身世帯が53・3％と半数以上であり、両親と未成年の子どもで構成された家族は20・3％に過ぎなかった。キム・ウィファン「鎮川・平山申氏奴婢家族の存在様相――奴婢の結婚と家系継承を中心に」『古文書研究』第52巻、2018年、333～34頁、337頁。
9　チャン・ギョンソプ『明日の終焉――家族自由主義と社会再生産の危機』集文堂、2018年、50～51頁。
10　チェ・ソンヨン、チャン・ギョンソプ「圧縮産業化時代における労働階級家族の家父長制の物質的矛盾――〝男性生計扶養者〟労働生涯不安定性の家族転移」『韓国社会学』第46巻2号、2012年、214～25頁。シン・ギョンアの研究によると、アジア通貨危機以前である1993年にも、男性家長の所得が世帯所得の大部分（9割以上）を占める世帯は54・6％で全体の半分程度だった。この数値が2003年に34・2％に減り、その後多少増加したのが2013年の46・1％である。シン・ギョンア「新自由主義時代の男性生計扶養者意識の亀裂とジェンダー関係の変化」『韓国女性学』第30巻4号、2014年、166頁。
11　パク・ヘギョン「経済危機時における家族主義談論の再構成とジェンダー平等談論の限界」『韓国女性学』第27巻3号、2011年、89～93頁。
12　ペ・ウンギョン「〝経済危機〟と韓国女性――女性の生涯展望とジェンダー・階級の交差」『フェミニズム研究』第9巻2号、2009年、53～65頁。
13　韓国銀行「[報道資料]高額券に描かれる人物選定」2007年11月5日、6頁。
14　「女性団体〈5万ウォン札に申師任堂なんて〉…反発の声」『聯合ニュース』2007年11月7日。
15　ホン・ヤンヒ「植民地時代〈良妻賢母〉論と〈モダニティ〉問題」『史学研究』第99号、2010年、309～10頁、

３１４頁。

16 チョ・ギュヒ「作られた名作——申師任堂と草虫図」『美術史と視覚文化』第12号、２０１３年、60頁、65〜67頁。イ・スクイン「そんな申師任堂はいなかった——権力とジェンダーの変奏」『哲学と現実』第81号、２００９年、１３９頁、１４６〜48頁。

17 ホン・ヤンヒ「『良妻賢母』の象徴、申師任堂——植民地時代の申師任堂の再現とジェンダー政治学」『史学研究』第１２２号、２０１６年、１６０〜75頁。ユン・ソヨン「近代国家形成期韓日の『良妻賢母』論——その共通点と相違点を中心に」『韓国民族運動史研究』第44巻、２００５年、77〜80頁、１１１〜16頁。

18 「官立学校を建て人民を教育することが政府にとって最も重要な職務なり」『独立新聞』（現代訳文）１８９６年５月12日。

19 ホン・ヤンヒ（２０１０）３０３〜３０７頁。

20 キム・ジェインほか『韓国女性教育の変遷過程に関する研究』韓国女性開発院、２０００年、51〜54頁。

21 「書堂」『韓国民族文化大百科事典』韓国学中央研究院ウェブサイト。キム・ジェインほか（２０００）１３１頁。

22 キム・ジェインほか（２０００）87〜95頁、１１７〜27頁、１４０〜47頁。

23 クォン・オホン「維新体制の申師任堂記念と良妻賢母づくり」『Journal of Korean Culture』35号、２０１６年、80〜83頁。

24 クォン・オホン（２０１６）68〜69頁、77頁。

25 クォン・オホン（２０１６）73〜77頁、キム・スジン「伝統の創案と女性の国民化——申師任堂を中心に」『社会と歴史』第80巻、２００８年、２１９〜20頁、２３４頁。師任堂教育院「沿革」（https://saimdang.gwe.go.kr/sub/info.do?m=0109ands=saimdang　２０２３年４月30日最終アクセス）。

26 「江原特別自治道申師任堂賞条例」第１条。

27 「一部の女子中学・女子高校の校訓『性差別』論争」『フィナンシャルニュース』２０１７年８月28日。「〝純潔〟〝花らしく〟…時代遅れの校訓」ＭＢＣ、２０１９年12月15日。

28 「生徒たちが自ら性差別的『校歌』を修正」『釜山日報』２０１９年７月25日。

29 「女学校」『独立新聞』（現代訳文）1898年9月9日。現代訳文をもとに筆者が一部を改訳した。

30 「女子学生の大学進学率が高い理由は？」YTN、2021年7月22日。「女子生徒の大学進学率、男子より4・8％高かった」『毎日経済』2021年7月22日。

31 UNDP, "Gender Inequality Index (GII)."

32 World Economic Forum, *Global Gender Gap Report 2022: Insight Report*, 2022, pp. 216-17.

33 OECD, "Gender Wage Gap(indicator)." OECDの男女間賃金格差は中位所得を基準とし、該当数値は2018年から2022年のあいだに各国で集計された統計の中でもっとも最近の資料を基準としたもの。ちなみにOECD平均は2021年基準で11・9％だった。

34 「低賃金労働者」は「労働者全体の年収の中央値の3分の2未満の者」と定義される。本文で取り上げた統計と関連する議論は、女性家族部「2022年　統計で見る男女の暮らし」2021年、19頁、22～23頁、33～34頁。キム・ナンジュ「韓国の男女間賃金格差の現状および課題」「第19回ジェンダーと立法フォーラム　男女間賃金格差解消のための戦略を模索する国際カンファレンス：スイス、ベルギー、日本の経験と示唆点」韓国女性政策研究院、2017年、188～92頁。チョ・スチョル、キム・ヨンミ「韓国労働市場内職種の女性化と男女間賃金格差——評価切り下げの性別効果」『産業労働研究』第26巻3号、2020年、298～300頁参照。

35 メアリー・ブリントンとイ・ドンジュが分類した性別役割分業意識の四つのタイプの中で、女性の家事責任を強調しながらも女性の賃労働に受容的な「労働友好的保守イデオロギー」タイプに該当する。ちなみに残りの三つのタイプは、男女がそれぞれ賃労働と家事労働を担当する「伝統イデオロギー」、男女ともに賃金労働と家事労働に参加する「完全な平等イデオロギー」、ジェンダー役割から抜け出し柔軟な役割を追求する「柔軟な平等イデオロギー」などである。Mary C. Brinton and Dong-Ju Lee, "Gender-role Ideology, Labor Market Institutions, and Post-industrial Fertility," *Population and Development Review* 42(3), 2016, pp. 418-21, p. 424.

36 Bruno Arpino, Gøsta Esping-Andersen and Léa Pessin, "How Do Changes in Gender Role Atitudes towards Female Employment Influence Fertility? A Macro-level Analysis," *European Sociological Review* 31(3), 2015, pp. 370-82.

37 女性家族部「2021年　両性の平等に関する実態調査主要結果要約」2022年、3頁、7～8頁。

38　Eva Jaspers and Ellen Verbakel, "The Division of Paid Labor in Same-sex Couples in the Netherlands," *Sex Roles* 68(5), 2013, pp. 339-44.

5章

1　「13歳の産婦、平壌での出来事」『東亜日報』１９３３年８月27日。「13歳の産婦の夫は現職警官と判明」『東亜日報』１９３３年８月27日。
2　「退敗した最近の風潮と『性教育』必要論の台頭」『東亜日報』１９３３年８月30日夕刊。
3　「学校と家庭で性教育をさせよ」『朝鮮日報』１９３３年９月２日。
4　「常に身を慎むべし」『朝鮮日報』１９３３年９月２日。
5　「親は常に娘のことを察すべし」『朝鮮日報』１９３３年９月２日。
6　「中高生に性教育」『京郷新聞』１９６８年７月９日。
7　「中高生の性教育」『東亜日報』１９６８年７月11日。
8　キム・デヒョン「１９５０～60年代の性教育談論の再構成」『学林』第48巻、２０２１年、５６２頁。
9　Anna Clark, *Desire: A History of European Sexuality*, 2nd Edition, Routledge 2019, p. 10.
10　Valerie J. Huber and Michael W. Firmin, "A History of Sex Education in the United States Since 1900," *International Journal of Educational Reform* 23(1), 2014, pp. 35-44; Kristin Luker, *When Sex Goes to School: Warring Views on Sex—And Sex Education—since the Sixties*, W. W. Norton and Company 2007, pp. 62-65, pp. 85-87.
11　Jonathan Zimmerman, *Too Hot to Handle*, Princeton University Press, 2015, pp. 62-65, pp. 85-87.
12　Zimmerman (2015) pp. 67-69, pp. 85-87.
13　アン・ジヘ「〝n番部屋〟の大韓民国にどんな性教育の本が必要だろうか？——女性家族部の『私らしさ、子どもの本』推薦図書の回収事態を懸念して」『イルダ』２０２０年９月６日。フェルホルム・クヌッセン『赤ちゃんはどうやって生まれるの？』ダンプス、２０１７年。ペルニラ・シュタルフェルト『心惹かれるなら』シグムチ、２

016年。

14 「『性知識』が盛り込まれた海外の優秀図書が扇情的？　女性家族部選定図書をめぐり物議」『京郷新聞』2020年8月26日。「批判殺到で性教育本を回収した女性家族部…女性団体〝存在理由を忘却している〟」KBS、2020年8月31日。

15 関連記事として「脱線する10代を防ごう（下）性犯罪・風俗事犯」『京郷新聞』1975年8月25日。「健全で自然に」『京郷新聞』1977年5月16日。「純潔教育の強化を中・高校に指示」『毎日経済』1978年8月12日。「〝性教育指針書〟を作成」『東亜日報』1982年1月11日。「10代の妊娠が増加」『朝鮮日報』1982年4月22日など参照。

16 チョ・ウンジュ『家族と統治』チャンビ、2018年、175〜217頁。

17 これと関連した現場の議論としては、キム・スジンほか『包括的性教育』性平等教育活動家の集い・モドゥル企画、學而時習、2022年。

18 教育部「学校性教育標準案」2015年、5〜19頁。教育部『初等学校性教育教授・学習課程案：低学年用』62〜66頁「4次　男女の生活」、教育部『中学校性教育教授・学習課程案』112〜15頁「14次　男女の性認識の違いの理解」、教育部『高等学校性教育教授・学習課程案』90頁、140頁「9次　性に対する正しい価値観」「18次　健全な性生活の条件」。以上の学年別性教育教授・学習課程案は、忠清北道教育庁が2017年5月にホームページに公開したものをダウンロードした資料で、2005年に発表された草案から修正されたと見られるが、資料には正確な発刊年度が記されていない。

19 John Gray, *Men Are from Mars, Women Are from Venus*, Harper Collins, 1992（邦題『ベストパートナーになるために――男は火星から、女は金星からやってきた』）は1992年に発刊された本で、世界50か国語以上に翻訳され5000万部以上販売されたヒット作。韓国でも1993年にはじめて翻訳出版されて以来、100万部以上が販売されたベストセラーである（出版社提供の紹介文より）。この本は著者の経験に基づいた自己啓発書として、夫婦間の相互尊重を強調しているが、性別の差を単純化・極端化し典型的な性別役割を前提にしたジェンダー本質主義的なアプローチだと批判された。2015年に教育部が発表した「学校性教育標準案」では、この本のあらすじを紹介し、「男性は能力を認められたいと思い、女性は面倒をみてあげたいと思う」という通念を固定化しているとして問題になった。批判が提起された後、高等学校の性教育資料では関連する内容を削除したと見られるが、中学校の課程では「14次　男女の性認識の違いの理解」で依然としてこの本を男女の違いを説明するための資料として使用していることがわかった。関連資料として、韓国性暴力相談所・韓国女性の電話「教育部『学校性教育標準案』に対する意見書」2015年、Toni Schindler Zimmerman, Shelley A. Haddock and Christine R. McGeorge, "Mars and Venus: Unequal Planet", *Journal of Marital and Family Therapy* 27(1), 2001. を参照。

20 チョ・ヨンジュほか『青少年の性教育需要調査研究――中学生を中心に』韓国女性政策研究院、2018年、65~69頁、103~104頁。アンケートでは用語についての説明を追加し、ジェンダーアイデンティティ（性自認）に関して「自分のジェンダーは何なのか（女性、男性、その他の性）について悩んだことがありますか？」と質問し、性的指向に関しては「自分がどんなジェンダー（女性、男性、その他の性）に性的に惹かれるかについて悩んだことがありますか？」と質問した。

21 教育部・疾病管理庁「第17次（2021年）青少年における健康行動調査統計」2022年、177頁、179頁。

22 「幼小中学校クラス別概況（2021年4月1日現在）」韓国教育開発院教育統計サービス。

23 イム・グモク、ソ・ミア「10代青少年の人工妊娠中絶経験に関するナラティブの探究」『相談学研究』第22巻2号、2021年、121頁。

24 「〝私妊娠した〟一言に家を追い出されラブホ転々…〝高校生の親〟生存記（密室）」『中央日報』2022年8月16日。ウン・ジュヒ、イム・ゴウン『2019年　未成年の親の生活実態調査および改善方案の研究』美しい財団・韓国未婚母支援ネットワーク、2019年、50~51頁、72~73頁。チョン・ヘスク、チェ・ユンジョン、チェ・ジャウン『学生未婚母の学習権保障方案』韓国女性政策研究院、2014年、70頁。

25 チャン・ソヨンほか「性的指向および性自認にともなう差別に関する実態調査」国家人権委員会、2014年、16頁。

26 性的マイノリティの子を持つ親の会『カミングアウトストーリー――性的マイノリティとその親たちの話』ハンティジェ、2018年、260頁、274頁。青少年の性的マイノリティ危機支援センター・ティンドン『家庭から離れた青少年の性的マイノリティの悩みと経験に関する基礎調査報告書』２０２１年、参照。

27 "Working towards the Elimination of Crimes against Women Committed in the Name of Honour: Report of the Secretary-General," United Nations General Assembly, UN Doc. A/57/169, 2002; Mark Cooney, *Execution by Family: A Theory of Honor Violence*, Routledge 2019, pp. 3-11.

28 国連総会は「名誉という名のもとで行われる、女性を対象にした犯罪を根絶するための努力」という題名の決議文を２０００年（A/RES/55/66）、２００２年（A/RES/57/179）、２００４年（A/RES/59/165）にそれぞれ採択した。

29 David Tokiharu Mayeda and Raagini Vijaykumar, "A Review of the Literature on Honor-based Violence," *Sociology Compass* 10(5), 2016, pp. 354-58.

30 Joanne Payton, *Honor and the Political Economy of Marriage: Violence Against Women in the Kurdistan Region of Iraq*, Rutgers University Press 2019, pp. 17-34.

31 Payton（2019）pp. 9-10, pp. 32-34; Mark Cooney, "Death by Family: Honor Violence as Punishment," *Punishment & Society* 16(4), 2014.

32 Cooney（2014）pp. 12-13.

33 チョ・ヨンジュほか（２０１８）１０６～１０９頁。自分が性的マイノリティだと感じたとき、「そのような事実をなくすために努力する」または「隠す」と答えたのは男子生徒（それぞれ35・4％、24・0％）のほうが女子生徒（それぞれ21・9％、21・6％）より多く、「両親に相談する」と答えたのは男子生徒（21・1％）のほうが女子生徒（32・3％）より少なかった。性的マイノリティであることを明かした友人に対して「距離を置く」または「絶交する」と否定的な反応を示したのは、男子生徒（それぞれ13・9％、7・9％）のほうが女子生徒（それぞれ7・5％、1・2％）より多かった。

34 「〝女子生徒が制服のズボンを着用するには校長の許可が必要〟時代遅れの学生規定」『聯合ニュース』２０２１年12月8日。

35 「背を向けた家族・学校、出産の後は苦しい生活が…〝いまの状況を子どもに継がせるのが怖い〟」『ソウル新聞』２０１９年5月12日。ウン・ジュヒ、イム・ゴウン（２０１９）25頁、73頁。チョン・ヘスク、チェ・ユンジョン、チェ・ジャウン（２０１４）75〜79頁。

36　キム・ヒョンスほか『学校生活における生徒の人権保障実態調査』国家人権委員会、２０１６年、１６２頁。

37　チャン・ソヨンほか（２０１４）26〜27頁。

38　キム・ヒョンスほか（２０１６）91〜93頁。髪の長さや型を規制された経験53・４％（中学生54・６％、高校生52・６％）、スカート・ズボンの長さや幅を規制された経験62・３％（中学生70・３％、高校生56・４％）、化粧や美容製品・機器の持ち込みを規制された経験67・２％（中学生75・４％、高校生61・０％）、Tシャツ・靴下の色を規制された経験は25・２％（中学生25・９％、高校生24・６％）などである。

39　「慶南学生人権条例公聴会、反対派の妨害で修羅場」『ニュース＆ジョイ』２０１８年11月21日。「慶南学生人権条例、再び取り下げに　民主党議員５人のうち２人も反対」『ハンギョレ新聞』２０１９年６月25日。

40　「世界初、人格教育義務化…政府・自治体で予算執行」『中央日報』２０１４年12月30日。

41　人格教育振興法、第1条、第2条2号、第10条。

42　ユネスコ『２０１８改訂版　国際セクシュアリティ教育ガイダンス』アハ！ソウル市立青少年性文化センター訳、２０１８年、38頁、43頁、50頁。

6章

1　統計庁「２０２１年　賃労働における職業別所得結果」２０２３年、２頁。

2　Marieka Klawitter, "Meta-analysis of the Effects of Sexual Orientation on Earnings," *Industrial Relations: A Journal of Economy and Society* 54(1), 2015.

3　Nick Drydakis, "Sexual Orientation and Earnings, A Meta-Analysis 2012-2020," IZA Institute of Labor Economics, June 2021.

4　この差についての説明は明確なものではない。社会的にゲイ男性に対する差別がより大きいという意味でもあり、レズビアン女性が異性愛者の女性に比べて仕事をより多くしているという意味でもある。パートナーとの関係を考えると、ゲイはパートナーが男性なので、たくさん稼がなければならないというプレッシャーが少ない反面、レズビアンはパートナーが女性なので、相手の賃金に期待するより自分の賃金を高めようとする行動をより多くとると推定することもできる。Klawitter（2015), pp. 21-25.

5　Maryam Dilmaghani, "Sexual Orientation, Labour Earnings, and Household Income in Canada," *Journal of Labor Research* 39(1), 2018.

6　OECD, "Gender Wage Gap"(indicator).

7　「2021年　未婚男女が選んだ理想の夫像・妻像」デュオ・ヒューマンライフ研究所（https://www.duo.co.kr/html/meetguide/research_list_view.asp?ct=human_research&idx=1715　2023年5月6日最終アクセス）。

8　統計庁「2021年　婚姻・離婚統計」2022年、1頁。

9　「健康診断統計」国民健康保険公団。

10　統計庁（2023）24頁。

11　統計庁（2023）23頁。

12　シン・ユンジョン、パク・シンア「配偶者間の学力格差の変化と結婚選択――出生コーホート別の分析を中心に」『保健社会研究』第38巻4号、2018年、440～44頁、457～59頁。

13　チョ・ソンホほか「青年世代の結婚および出産動向に関する調査研究」韓国保健社会研究院、2019年、223～24頁、355～57頁。

14　クァク・ヒョンジュ、チェ・ウンヨン「既婚女性の経済活動参加に影響を及ぼす要因――家庭と労働市場の性不平等構造を中心に」『女性研究』第88号、2015年、447～50頁。キム・ヨンミ、シン・グァンヨン「既婚女性の労働市場の両極化と世帯所得不平等の変化」『経済と社会』第77号、2008年、91～95頁。

15　チェ・セリム、カン・シンヒョク「効率的な女性人材活用のための政策提言」『月刊労働レビュー』2022年4月号、18頁。

16　家族の階層的背景が子どもに及ぼす影響に関する研究として、キム・ヨンミ「階層化された若さ――仕事、家族形成に現れる青年期の機会不平等」『社会科学論集』第47巻2号、2016年。ノ・ヘジン「両親の学歴同類婚による子どもケア時間の不平等」『社会福祉政策』第41巻4号、2014年。パク・ギョンホほか『教育格差の実態総合分析』韓国教育開発院、２０１７年、１３７～２０５頁。ペク・ギョンフン「中流階級の長時間保育離脱によるジェンダー平等遅延——教育中心の母性と児童期の形成」『韓国女性学』第33巻1号、２０１７年、１８６～88頁。シム・ハンビョル「私教育と韓国の中流階級の居住地近隣の構成」『空間と社会』71号、２０２０年などを参照。

17　チョ・グィドン『世襲する中流階級社会』考えの力、２０２０年。イ・チョルスン『不平等の世代』文学と知性社、２０１９年。ダニエル・マコヴィッツ『エリート世襲』世宗書籍、２０２０年。リチャード・リーヴス『20 vs 80の社会』民音社、２０１９年。マイケル・サンデル『公正だという錯覚』ワイズベリー、２０２０年（邦訳『実力も運のうち——能力主義は正義か？』早川書房、２０２１年）など参照。

18　相続税及び贈与税法第46条第5号には、非課税となる贈与財産として「教育費」に言及しているが、これは民法上、扶養義務者相互間の教育費として通常必要と認められる金品と解釈される（租税審判院２０１８年4月30日注意２０１８ブ０９３８決定）。一方、課税標準50万ウォン未満であれば贈与税は賦課されない（相続税及び贈与税法第55条第2項）。

19　相続税及び贈与税法第46条（非課税の贈与財産）第5号。

20　贈与財産控除額は、10年間の累積額で贈与者が配偶者の場合6億ウォンまで、直系尊属（両親、祖父母など）または直系卑属（子、孫など）なら５０００万ウォンまで、その他6親等以内の血族と4親等以内の姻戚なら１０００万ウォンまで（相続税及び贈与税法第53条）。

21　民法第８２６条（夫婦間の義務）第1項、第９７４条（扶養義務）、第７７７条（親族の範囲）。イ・ギョンヒ、ユン・ブチャン『家族法』10訂版、法院社、２０２１年、３２３～27頁参照。

22　Anatole France, *The Red Lily*, 8th Edition, trans. by Winifred Stephens, Dod, Mead & Company 1923, p. 91.

23　ジュン・カルボン、ナオミ・カン『結婚市場』時代の窓、２０１６年、３５８頁参照。

24　世界人権宣言第22条「すべての人は社会の一員として、社会保障を受ける権利を有し、かつ、国家的努力及び国際的協力により、また、各国の組織及び資源に応じて、自己の尊厳と自己の人格の自由な発展と欠くことのできない経済的、社会的及び文化的権利を実現する権利を有する。」

25　M. A. Crowther, "Family Responsibility in Britain before the Welfare State," *The Historical Journal* 25(1),

1982, pp. 131-33.

26　国民基礎生活保障法第2条第5号及び第3条第2項。ただし、死亡した1親等以内の直系血族の配偶者は除く。たとえば息子が死亡すれば、その配偶者である嫁は扶養義務者から除外される。

27　「〝一年以内にお母さんと連絡しましたか？〟と質問された後…受給申請不可通知」『ビーマイナ』2022年7月11日。政府は2021年10月、生計給付の扶養義務者基準を廃止すると発表したが、実際には扶養義務者に対する所得・財産基準を緩和しただけで、依然として扶養義務者の所得および財産状態を調査する手続きを行っている。また医療給付の場合には、従前通り扶養義務者の基準を厳格に運営する。関連した手続きに関しては、保健福祉部「2023年　国民基礎生活保障事業案内」2023年、175~229頁参照。

28　これに関連して、障害女性共感編『施設社会――施設化された場所、抵抗する体たち』ワオン、2020年を参照。

29　ファン・ドゥヨン『寂しくない権利』時事INブック、2020年、172~73頁。「40年間同居した女子高同窓生の悲劇的な死（総合）」『聯合ニュース』2013年10月31日。

30　民法第1000条（相続の順位）。「4親等以内の傍系血族」を四順位法定相続人と規定した条項に対して、憲法裁判所で違憲審査が行われたことがある。憲法裁判所は2018年と2020年の決定で合憲判断を下し、「血族相続の伝統は血族が経済的に相互扶助し深い情緒的つながりを共有した過去の血族社会から由来した相続法制の一原則ではあるが、今日変化した社会像を考慮しても、現代に至ってその意味を著しく喪失し相続権付与の基準にならないほどに至ったとは見難い」と判断した。憲法裁判所2020年2月27日、2018軒ガ11、憲法裁判所2018年5月31日、2015軒バ78。

31　民法第1112条（遺留分の権利者と遺留分）。遺留分制度は、故人の遺言の自由を認めながらも、遺族の生計を保障するという趣旨で作られた一種の折衷案で、財産の一定部分を故人の意思とは関係なく「家族」が受け取るよう定めたものだ。配偶者と直系卑属はそれぞれ法定相続分の2分の1、直系尊属と兄弟姉妹はそれぞれ法定相続分の3分の1を遺留分として受け取ることができる。イ・ギョンヒ、ユン・ブチャン（2021）580~83頁。

32　クァク・ミンヒ「韓国相続法上の配偶者相続分の沿革と発展――日本の相続分改正議論との比較」『国際法務』第11巻1号、2019年、5~10頁。

33　民法第1003条（配偶者の相続順位）および第1009条（法定相続分）。
34　「[判決] 男手ひとつで育てたク・ハラさんの父親に『養育寄与分』認定…遺産6対4に分割」『法律新聞』2020年12年22日。パク・ジウォン「扶養義務の懈怠と相続欠格事由の拡大に関する立法論」『弘益法学』第21巻3号、2020年、230頁。
35　民法第826条（夫婦間の義務）、第827条（夫婦間の家事代理権）、第832条（家事による債務の連帯責任）。
36　最高裁判所1993年5月11日、ザ93ス6決定。
37　関連研究として、キム・ヒョンギョンほか『法が呼名する家族の意味と限界』青年ハブ、2019年を参照。
38　「多様性に向けた持続可能な動き」『私のような人がほかにもいるんだ――2021年性的マイノリティ青年の社会的欲求および実態調査結果報告書』インディパブ、2022年、45頁。
39　キム・スンナム『家族を構成する権利』五月の春、2022年、123～48頁。
40　調査結果を具体的に見ると次の通り。まず、同居経験者3007人を対象に、同居家族に対する認識を聞く項目について、「結婚に比べて同居関係に対する社会的偏見が激しい」(75・9%)を除き、「結婚に比べて祭祀、慶弔など家族の義務に対する負担が少ない」(75・6%)、「子どもの出産に対する負担が少ない」(74・9%)がもっとも同意する割合が高かった。次に、現在同居している1022人の回答だけを見ると、家事労働と子どもの養育・教育を「二人が同等に」するとの答えが各々70・0%と61・4%であった。2020年の家族実態調査では、結婚した家族の場合、この割合はそれぞれ26・6%と39・2%で大きな差があった。また、法律婚夫婦の関係と比較して「情緒的な絆の側面で同じだ」(83・4%)、「関係の安定性の側面で同じだ」(70・3%)という質問に同意する割合が高く、同居パートナー関係に満足する割合は全体の63%(男性64・2%、女性61・7%)だった。この数値は、2020年の家族実態調査における法律婚した家族の配偶者関係満足度57%(男性63・2%、女性50・6%)より高く、とくに男女の満足度格差に差があった(法律婚12・6ポイント、非婚同居2・5ポイント)。キム・ヨンランほか『非婚同居の実態分析研究――2020年家族実態調査の付加研究』女性家族部、2021年、41～42頁、44～45頁、54～55頁、90～91頁。

7章

1 最高裁判所2006年6月22日、ザ2004ス42決定。
2 最高裁判所2011年9月2日、ザ2009ス117決定。
3 最高裁判所2022年11月24日、ザ2020ス616決定。
4 最高裁判所2011年9月2日、ザ2009ス117決定。
5 ドイツ連邦憲法裁判所1BvL 10/05(2008年5月27日)判決。これと関連してキム・ジヘほか『性的マイノリティ差別に関する海外立法動向および事例研究』国家人権委員会、2021年、309~10頁も参照。
6 ドイツ連邦憲法裁判所1BvR 3295/07(2011年1月11日)判決、キム・ジヘほか(2021)300~302頁参照。
7 最高裁判所2011年9月2日、ザ2009ス117決定。
8 ヒョン・ソヘ「家族関係登録制度の施行10年間の成果および今後の改善方案」『家族法研究』第32巻2号、2018年、12~15頁。
9 「目的別身分登録法制定のための共同行動」の主催で2005年4月14日、国会図書館で当事者たちの証言を聞く証言大会「戸籍制度被害事例の証言台:『二等国民、身分登録制を語る』」が開かれた。本文に引用した言葉は証言大会に出た活動家のパク・ヨンヒ(当時「障害女性共感」代表)の言葉。証言大会の資料集と速記録は http://altersystem.jinbo.net/ を参照(2023年5月10日最終アクセス)。
10 チェ・ウナ「家族関係登録簿、国家による『アウティング』——家族関係登録法施行3か月で被害事例が続々と明らかに」『人権オルム』第97号、2008年4月2日。
11 これに関する詳しい議論として、キム・サンヨン「2016年家族関係登録法改正の意義と限界——登録事項別証明書制度の改正を中心に」『中央法学会』第20巻1号、2018年、49~78頁参照。
12 最高裁判所2022年11月24日、ザ2020ス616決定。

13　チャ・ソンジャ「健康家庭基本法についての考察」『家族法研究』第18巻2号、2004年、389～91頁。ほかにも健康家庭基本法制定直後の批判的議論として、イ・ジェギョン「韓国家族は〝危機〟なのか?――〝健康家庭〟談論に対する批判」『韓国女性学』第20巻1号、2004年、キム・インスク「健康家庭基本法制定過程で現れた家族および家族政策談論」『韓国社会福祉学』第59巻3号、2007年などを参照。

14　ダイアナ・ギティンス『家族はない――家族イデオロギーの解剖』日新社、1997年（邦題『家族をめぐる疑問――固定観念への挑戦』新曜社、1990年）参照。

15　ピョン・スジョン、パク・ジョンソ、オ・シンフィ、キム・ヘヨン『多様な家族に対する制度的受容性向上方案』韓国保健社会研究院、2017年参照。

16　ユン・ホンシク「家族の変化と健康家庭基本法の対応――韓国家族政策の原則と方向確立のための考察」『韓国家族福祉学』第14巻、2004年、274頁。

17　Obergefell v. Hodges, 576 U.S.(2015) 判決。韓国語訳が『世界憲法裁判動向』第6号（憲法裁判所憲法裁判研究院、2015年、37～71頁）に掲載されている。本文に登場する判決文の内容は次の通りである。「すべての当事者が同意したように、多くの同性カップルが自分の子どもたちに優しく面倒を見る家庭を提供している（…）これは、ゲイもレズビアンも子どもたちへの支援を惜しまない優しい家庭をつくることができるという強力な確認とも言える。したがって、同性カップルを結婚から排除することは、結婚する権利の中心的前提と合わないことである。結婚が提供する認定と安定、予測可能性がなければ、子どもたちは自分の家族がどこか足りないという烙印に悩まされることになる」（45頁）。

18　子どもを中心に、韓国社会の家族主義を議論した本としてキム・ヒギョン『不思議な正常家族』改訂増補版、東アジア、2022年を参照。

19　国家指標体系「合計出生率」。

20　キム・スンナム『家族を構成する権利』五月の春、2022年、63～71頁。戸主制廃止以前の旧民法第779条（家族の範囲）においては、「戸主の配偶者、血族とその配偶者その他、本法の規定によりその家に入籍した者は家族となる」と定めたものを、現行のように改正したものである。

21　「#女性が世界を開く――性平等開憲」と「性的マイノリティ差別反対・虹の行動」の主催で、２０１８年２月７日に国会で開かれた「パラダイムの転換　性／平／等」討論会資料集に収録されたイ・ジンオク、クォン・スヒョン「両性平等の系譜化とその効果」（３～26頁）、パク・ハンヒ「性的マイノリティの位置からのジェンダー平等」（27～37頁）、ナヨン「保守プロテスタントの〝両性平等〟主張を通じて私たちが考えてみるべきこと」（44～38頁）などを参照。

22　キム・ジヘほか（２０２１）、31～42頁、３８１～83頁、３９２～４００頁。

23　ソン・ヒョジンほか『個人化時代、未来の家族変化に対応する包容的法制の構築方案』経済・人文社会研究会、２０２１年、１８３～98頁。フランスの法律婚・連帯契約・同居の制度比較は、*Mariage, Pacsou concubinage (union libre): quelles différences?*（https://www.service-public.fr/particuliers/vosdroits/F14485　２０２３年５月11日最終アクセス）参照。

24　イ・ジヒョ『ドイツにおける同性婚に関する憲法的研究』憲法裁判所憲法研究院、２０２１年。ドイツは２０１７年、同性間の婚姻を認めたことにより、すでに成立した生活パートナーシップはそのままにして当事者間の合意により婚姻に転換できるようにし、新しい生活パートナーシップの締結は中止した。

25　キム・ジヘほか（２０２１）３９４～４００頁。

26　ユン・ジンス『親族相続法講義』第３版、博英社、２０２０年、１５６～59頁。「法律婚と事実婚」『探しやすい生活法令情報』法制処（https://easylaw.go.kr/　２０２３年５月11日最終アクセス）参照。

27　仁川地方裁判所２００４年７月23日、宣告２００３ドハプ２９２判決。

28　ソウル高等裁判所２０２３年２月21日、宣告２０２２ヌ３２７９７判決。

29　最高裁判所１９８４年８月21日、宣告８４ム４５判決。

30　ユン・ジンス（２０２０）１４８～51頁参照。

31　ヨン・ヘイン議員など11名、生活パートナーシップに関する法律案（議案番号２１２１６４７）２０２３年４月26日。これに先立って２０１４年に、チン・ソンミ議員が「生活パートナーシップに関する法律案」を準備したことがあるが、反対に遭い結局発議できなかった。

32 チャン・ヘヨン議員など12名、民法一部改正法律案（議案番号2122396）2023年5月31日。チャン・ヘヨン議員など15名、母子保健法一部改正法律案（議案番号2122394）2023年5月31日。チャン・ヘヨン議員など14名、生活パートナーシップに関する法律案（議案番号2124O4）2023年5月31日。

33 チャン・ギョンソプ「家族・国家・階級政治――家族研究のマクロ社会変動論的含意」『社会と歴史』第39巻、1993年、231頁。

34 OECD, Social Expenditure Database (SOCX). 2022年現在、韓国の公共部門の支出水準はメキシコ7・4%、トルコ12・4%、アイルランド12・8%、コスタリカ14・5%に次いで低い水準である。

35 OECD, *Rejuvenating Korea: Policies for a Changing Society*, OECD Publishing, 2019, pp. 24-35. 参照。

エピローグ

1 KOSIS統計遊び場「韓国の出生児数」。

2 チョ・ジョンフン議員など11名、家庭内労働者の雇用改善などに関する法律の一部改正法律案（議案番号2120819）2023年3月22日。

3 「少子化解決？　安くつく？…疑問符だらけの家事支援外国人労働者の導入」『韓国日報』2023年5月25日。